關係裡的心理博弈與

許子晏 著

# 人際設計學

從操控話術到修補裂痕，走出人脈焦慮
在高壓時代建立清醒的互動節奏

在人群中，你是被看見的光，還是被忽略的影？
關係的價值，決定了你的人生高度與格局

# 目錄

**序言**
解鎖你的社交心理戰力　　　　　　　　　007

**第一章**
社交從誤會開始：拆解人際錯覺與潛規則　　011

**第二章**
識人不難，信錯才難：防禦型人際智慧　　　031

**第三章**
打開關係的正確方式：從寒暄到連結　　　　051

**第四章**
成為「有禮但不失界線」的人　　　　　　　071

**第五章**
關係的投資法則：先捧再求的心理順序　　　093

# 目錄

**第六章**
職場社交學：與主管、同事、下屬如何互動？　117

**第七章**
衝突發生時，你的性格怎麼救你？　141

**第八章**
你的性格適合怎樣的社交節奏？　163

**第九章**
關係裡的心理帳戶與互惠機制　187

**第十章**
信任的進化論：從表象走入內在　209

**第十一章**
社交潛能開發：提升影響力與存在感　229

**第十二章**
當社交變成戰場：人際對抗與心理防禦　251

### 第十三章
社交策略升級：成為人際資源整合者　　273

### 第十四章
打造你的社交風格與人設形象　　295

### 第十五章
讓社交變現：人脈的價值與轉化實戰　　319

### 結語　真正厲害的社交，是讓彼此都變得更好　　341

# 目錄

# 序言
# 解鎖你的社交心理戰力

### ◎為什麼我們都該學「社交心理學」？

你可能很努力，卻總覺得自己在人際圈裡不夠被看見；你也許擁有實力，卻在關鍵時刻不被選擇；你或許參加了無數場合、拓展了不少聯絡方式，卻依然感覺「社交沒用」、「人脈無感」。

這些感受，並非來自你不夠好，而是你還沒有打開一種「社交設計」的思維模型。

本書要解決的，就是這個問題：

如何讓你的存在被記得？

如何讓你的價值被使用？

如何讓你的關係開始帶來正向的變現與循環？

這不是一本教你小技巧、金句話術的書，而是一本讓你理解人際互動背後的心理機制、信任邏輯與價值傳遞設計的實戰教科書。

### ◎這不是一本交朋友的書，是一本讓你變得有選擇權的書

在這個高度連結的社會裡，「社交」早已不只是會說話與合群，更是一種決策管理、角色定位與關係設計的能力。你

序言　解鎖你的社交心理戰力

能否被合作？你在群體中扮演什麼功能？別人是否覺得你值得信賴？這些才是決定你能否被看見與被選擇的關鍵。

本書不幫你變成交際花，也不期待你變成社群名人，我們要做的是：

◆　幫助你建立一套從內而外的人際風格與心理定錨
◆　設計出一組讓關係自動運轉的互惠機制
◆　讓你在人際世界裡不再是候選者，而是被主動邀請的人

簡單說，這是一本關於人際影響力建構的手冊，而這份影響力來自你的性格整合、心理素養與關係策略，而非天生的社交優勢。

## ◎本書能給你什麼？

### 1. 你會建立屬於你的社交原則，不再隨他人起舞

不是每個人都適合主動出擊，也不是每段關係都該深交到底。本書幫你透過 MBTI 人格架構與社交風格分析，建立專屬於你的互動方式，讓你在人際互動中更加自在，也更有策略。

### 2. 你會看懂每段關係背後的心理結構與風險點

我們將帶你拆解信任的形成、情緒操控的話術、關係剝削的徵兆與人際信用的心理帳戶，讓你不再為情緒負債，也能在複雜人際網絡中保護自己，維護資產。

3. 你會懂得怎麼把關係變成資本，而不是消耗品

從「先捧再求」的心理學，到「人脈長尾效益模型」，再到「合作首選人格打造法」，你將學會如何不費力拓展關係，而是讓人脈主動連結你，形成正向的資源循環與機會擴張。

◎為什麼我相信這本書能幫你？

因為它融合了以下四種實戰養分：

- 心理學理論根基：包含社交認知理論、社會交換理論、MBTI 人格模型、信任與操控心理研究成果
- 實務教練經驗萃取：十年以上職場溝通、品牌定位、人脈經營教練真實案例整理
- 高效模組化操作設計：每章皆可對應實際行動、可操作的語言模組、建立人設的心智模型
- 適用於臺灣當代職場文化：所有語言、例子、情境皆經過在地化改寫，對應臺灣人情社會與現代社群邏輯

這不是一套理論堆疊的書，而是一本你讀完就能立刻使用的「社交心理作戰地圖」。

◎最後，我要提醒你一件事

這本書不是寫給想要取巧的人，也不是寫給只想練話術、追蹤術的人。它是為那些願意真誠成長、系統學習、長期累積信任與價值的人所寫。

### 序言　解鎖你的社交心理戰力

你不用變得很會說話，也不用變得八面玲瓏。你只要能夠看懂社交背後的心理機制，運用這本書的設計模板與操作策略，你就能成為讓人記得、願意合作、值得信任的存在。

真正的社交高手，不是站在中央發光的人，而是能讓別人在人際世界裡更輕鬆、更安心的人。

準備好了嗎？

翻開第一章，讓你的社交心理地圖正式上線。

# 第一章

## 社交從誤會開始：

## 拆解人際錯覺與潛規則

第一章　社交從誤會開始：拆解人際錯覺與潛規則

## 第一節　社交幻覺：
## 你以為的熱情，其實只是生存手段

### 表情與熱情，從來不是同一回事

你是否曾在認識一個人後短短幾天，就覺得對方對你「超級好」？他記得你的名字、話題上總是接得剛剛好，甚至還會主動關心你的狀況。於是你以為：「這個人真不錯，我們會是很棒的朋友。」

錯了。

這種初期的熱情，很可能只是對方在經營他的社交手腕。這並非指責某人虛偽，而是揭露一個社交現實：在陌生人際互動中，大多數人都在進行一場社會角色演出。

這場演出的核心目標，不是情感，而是生存與策略。根據社會心理學的角色理論，人們在不同場合會依照期望扮演不同角色，而「熱情」正是一種社交通貨，能快速交換信任、換得機會。

換句話說，對你熱情，未必是喜歡你；可能只是他需要你喜歡他，以便未來行動得更順利。

第一節　社交幻覺：你以為的熱情，其實只是生存手段

## 偽裝熱情的心理誘因

在社交關係裡，人們最常犯的一個誤會，就是把「友好行為」視為「真誠情感」。我們之所以會誤判，來自兩個心理誘因：

- 希望被接納的內在需求：當我們進入一個新環境時（例如新工作、聯誼、合作場合），我們會自動尋找對自己釋出善意的人，因為這降低了我們的不確定性。熱情的回應，會強化我們的安全感。
- 認知簡化的捷徑思維：人腦傾向於快速分類與判斷，尤其是在資訊量過多的情境下。我們會用「他對我好＝他是好人」這種簡化邏輯，來快速建立社交關係的分類模型。

這些心理機制本無對錯，卻成為人際互動中的漏洞。一旦對方掌握了這些規律，便能在短時間內塑造「值得信賴」的形象，讓你甘心進入他設計的互動框架。

真正的高手，懂得讓人以為他真誠，卻不主動暴露自己的底牌。反觀那些太早示弱、太快交心的人，往往在社交裡吃盡苦頭，因為他們太相信初始熱情的表象，而忽略了動機的分析。

第一章　社交從誤會開始：拆解人際錯覺與潛規則

## 社交資源分配與動機推演

觀察一個人的真正意圖，最有效的方法不是問對方「你怎麼想」，而是看他「怎麼分配資源」。資源包括時間、情緒、幫助、支持與邀約。真正有意與你建立關係的人，會在以下幾點表現出穩定性與一致性：

◆ 是否主動邀約你而非只在需要你時出現？
◆ 是否在沒利益交換的時候仍持續互動？
◆ 是否願意為你的事多花一點心力（例如記得細節、提供協助）？

很多人剛認識時如春風拂面，但一旦你的利用價值消失，便迅速淡出、冷漠，甚至轉向他人，這是一種社交資源轉移策略。這類人並不殘忍，只是太懂得「關係也是資源」的現實。

因此，要看清一個人，別看他在「有需要你時」多熱情，要看他在「不需要你時」是否還保有基本尊重與互動。

## 真誠不是起點，而是時間篩出的結果

很多人以為人際關係的第一步就應該是「坦誠與真心」，但這種觀念在現實中往往行不通。真誠如果在錯誤的時機展

現,只會造成關係失衡。

請記住:真正的信任,是在時間的多次互動與情境變化中逐步建立的。

你應該觀察一個人是否能在多種情境下都表現一致,是否在你情緒低落時仍給予關心,在你沒提供價值時仍保持聯絡。那樣的關係,才是真實可信的。

而不是他第一次見面就熱情地幫你倒水,或誇你很厲害,這些都只是不費力的表演,不應該是你信任的依據。

## 別急著下判斷,更別急著交心

我們常見到以下幾種社交誤區:

- ◆ 對一個人太快產生好感:三次聊天後覺得他可以當朋友,兩次喝酒就認為可以合作。
- ◆ 過度解讀善意行為:對方多看你一眼、幫你一個小忙,就覺得他很重視你。
- ◆ 把「自己覺得」當作「對方真的」:你感覺對方對你很好,但那只是你「想被對方喜歡」的心理投射。

要避免這些錯誤,你需要一個策略性的社交節奏:

- ◆ 延遲信任反應:初期保持觀察期,不急著投入。

- 測試對方一致性：有意設計低價值互動，看對方是否仍維持熱度。
- 分階段交換信任資源：不是一開始就把內心話全說，而是逐步揭示自己，看對方如何回應。

這不代表你要變得心機或算計，而是你要擁有社交節奏的設計感。成熟的人際互動，是策略與真誠的平衡。

## 別讓社交幻覺操縱你的信任機制

你所認識的那些「很熱情的人」，不一定真心；你所忽略的那些「沉穩寡言者」，反而可能值得深交。

社交不是一場表演，而是一個過濾器。它要篩掉那些靠表象吸引你的關係，只留下那些在多次測試中仍然站在你身邊的人。

你可以相信人性，但別忽略現實。因為真正高段位的人，不是誰都信，而是知道何時信、信多少，以及信什麼。

## 第二節　初印象陷阱：笑臉不代表善意

### 初始效應：為什麼第一印象如此危險？

在你還沒來得及認識一個人時，腦袋早已替你下了結論。心理學稱之為「初始效應」（primacy effect）：人對初次接觸到的資訊會賦予過度重要的認知權重，並影響後續對這個人的整體印象。

這就是為什麼你會覺得某人「第一次見面就很有好感」，甚至進一步覺得他值得信賴。問題是，初印象往往來自表層觀察、語氣與肢體語言的包裝，與真實人格未必有絕對關聯。

許多「看起來很親切」的人，實際上可能極度自我中心、精於操控與人際投資；反之，一些內向、不擅言詞的人，卻可能有最穩定的人格與忠誠的交往傾向。真正困難的是：我們太容易被假象打動，卻沒耐心等真相浮現。

### 假笑文化：你看到的是人性，還是演技？

微笑，是這個時代最容易誤導人的肢體語言。當一個人向你微笑時，你會感受到安全、放鬆、甚至被接納。然而心

理學研究顯示，人們在陌生社交中平均每六次微笑中，有四次是出於禮貌而非真心。

在**餐廳、會議室、交友場合**，你可能常遇見這種情境：對方邊笑邊與你對話，但他的眼神無神、反應延遲、語氣空洞。這不是你想太多，而是你正在被一種「表演型社交」籠罩。

真正的微笑會帶動眼角肌肉，這種自然反應難以偽裝；而假笑則停留在嘴角，帶有不自然的對稱性與固定時間。

但問題不是辨識真假笑容的技巧，而是為什麼我們明知道是假笑，還寧願相信？

答案很簡單：我們渴望相信善意，即使只是借來的。社會運作仰賴基本信任，否則每段互動都會變成防衛遊戲。但這份信任，也成為操作的漏洞。笑臉，是人際交往中最廉價的門票。

## 社交形象設計：熱情是套路還是特質？

如果你仔細觀察某些社交圈中的「人氣王」，你會發現他們往往具備以下特徵：

- ◆ 笑容自帶親切感且出場即高能量
- ◆ 第一分鐘內就能找出與你共通點

## 第二節　初印象陷阱：笑臉不代表善意

◆ 對話中不斷回應你的語句、點頭微笑、給予認同感
◆ 表現得彷彿早已認識你多年

這些現象不是偶然，而是經過練習與策略設計的結果。他們懂得運用心理上的「互惠原則」與「初印象偏誤」，來建立快速信任。而這種方式確實有效，只要你別發現它是刻意的。

這並不代表熱情都是虛偽的，但值得警覺的是：那些在最短時間內與你過度親近的人，往往也最容易在下一秒與他人上演同一套劇碼。這種熱情，不是為了你，而是為了他的人際策略運作。

### 真正的信任來自觀察，而非感受

與其相信你第一次見一個人時的感覺，不如觀察以下幾件事：

**他如何對待沒有地位的人？**

若對方在面對你時熱情有禮，卻在面對服務員或其他無權位者時態度冷淡，那麼他的熱情只是向上社交的工具。

**他是否在無利可圖的時候仍選擇靠近？**

若你發現他只在你掌握資源或人氣時出現，平日則不聞不問，那麼這段關係只是結構性利用。

他面對你脆弱的一面是什麼反應？

真誠的互動來自於雙方都能容納彼此的脆弱,而非只出現在歡樂與正面情緒之中。

記住:一個人真正的品格,不是看他對你多好,而是看他如何對待對他「沒有用」的人。

## 擺脫初印象的操控,你可以這樣做

在這個高度圖像化與快節奏的社交時代,我們沒辦法完全阻止別人利用初印象來設局,但可以主動提升自我辨識與保留的能力。以下是幾個具體行動策略:

- ◆ 預設觀察期:在任何新關係建立的前三次接觸中,不急於信任,也不急於排斥,保留觀察與評估空間。
- ◆ 交叉情境驗證:與對方互動時,創造不同情境觀察其反應,例如從正面場合轉換到壓力場域(趕時間、被忽視時)。
- ◆ 延遲自我揭露:避免在初期過度傾吐心事,因為這不只讓你顯得失衡,也會給對方不成比例的掌控感。
- ◆ 看對方的「對等回饋」:如果對方不願意在你付出後給予等值回應,那麼他所展現的熱情只是單邊收割而已。

透過這些策略,你不僅能保護自己,也能過濾出那些值得長期經營的關係對象。

### 第一印象不能信,但你可以學會辨識它的語言

笑容不是承諾,熱情不是情誼,第一印象不是真相。這是社交世界最基本、卻也是最常被遺忘的鐵律。

真正成熟的社交觀,不是拒絕熱情,而是明白熱情的功能與意圖;不是否定笑臉,而是辨識笑臉背後的利益與策略。

從今天起,請將每一次初見視為一場面試,而非一場信任交付。因為在這個過度人設化的世界裡,你能看見的,不一定是真的;而你願意信的,往往也是你最容易受傷的地方。

## 第三節　面子文化的心理運作

### 面子不是虛榮,而是一種心理保衛機制

當一個人說:「這是我的面子問題!」通常不只是字面上的尊嚴而已,而是一個社交心理防衛系統在運作中。面子,在心理學語境裡,不只是外界評價的期待,而是自我認同與社會形象的交會點。

人之所以需要面子,是因為在任何集體社會中,「被怎麼看」決定了我們「被怎麼對待」。當我們無法確保自己能被平

等對待，就會透過各種手段構築「面子」，以此維持一種社會存續感。

在亞洲文化中特別明顯，人際互動不直接講衝突，而是講「場面話」、「留點餘地」、「顧全大局」，本質上就是一種高度面子運作的文化場域。這樣的文化雖維繫了和諧，卻也造成大量心理負擔與溝通錯位。

## 社交場上的「面子交易」：關係中的無形貨幣

面子是可以交易的，而且常常不說明、卻清楚計算。你幫我撐場面，我給你資源；你在眾人面前誇我一句，我下次在會議裡護你一次。這些表面上是「做人情」，其實本質上是社交資產的交換與保留。

這種面子交易有幾個常見型態：

- 公開稱讚換取支持：主管會在眾人面前誇某人努力，背後其實是在幫他建立群體印象，使未來人事調動更容易被接受。
- 應酬讓位換取回報：晚餐聚會中讓長官坐主位、主動買單或敬酒，表面尊重、實則鋪路。
- 請託前先給面子：很多人在要幫忙前，會先以「捧人」方式鋪墊氣氛，讓對方在「被抬舉」中更難拒絕。

第三節　面子文化的心理運作

這些互動乍看溫情，但若不清楚背後的運作邏輯，你很容易變成只「給面子」，卻沒換到實質回報的一方。社交裡不是不能給面子，而是要知道「面子價值」與「回報策略」。

## 面子焦慮與社交誤判：
## 你其實不是怕拒絕，而是怕沒人看你

有些人會說自己很怕丟臉、不敢發言、不敢拒絕邀請。這類現象常被歸為「社交焦慮」，但更精準地說，這是面子焦慮的具象化。我們並非真的害怕事情失敗，而是害怕別人「看到」我們的失敗。

舉例來說：

- ◆ 你不是不能說不，而是怕拒絕後對方對你觀感變差
- ◆ 你不是不能承認錯，而是怕承認錯誤會讓你形象崩塌
- ◆ 你不是討厭發言，而是怕說錯話失去群體的好感

這些行為背後，其實是在維護一個「社會形象安全圈」。一旦你的「面子」被攻擊或剝奪，內在的自尊就會產生動搖，進而導致自我價值的不穩定。這種從「外在破口」引發「內在崩潰」的現象，是面子心理運作的真實寫照。

## 面子的兩種破壞力：壓抑溝通與虛假關係

如果你在關係中總是把「顧面子」擺在第一順位，那麼你將會面臨兩種社交副作用：

◆ 無法直接溝通，導致誤會層疊：明明不開心卻裝沒事，明明不同意卻只說「你說得也有道理」，時間一久，所有不滿都只能變成壓抑與被動攻擊。這類關係容易演變成「表面和諧，實則冷漠」。

◆ 產生虛假的社交互動：你為了給別人面子、撐場面、維持人設，而答應本不願答應的事，或參與其實不認同的活動，久而久之你在他人眼中建立起一個「你不是你」的形象，而你必須不斷演下去，才能維持那張面具。

這樣的社交，其實是「自我隱形的互動」，你被面子拉走，失去了真實的選擇權。

## 如何正確使用面子？
## 策略性展現與真誠共存法則

面子文化不該被一味批判，而應該被正確理解與運用。真正成熟的社交高手，懂得區分「給足他人面子」與「保住自己的底線」的平衡。以下是幾個策略性使用面子的方式：

- 分清場合主次：在公開場合給人足夠認可，在私下場合進行實質溝通與調整。這樣既不撕破臉，也能有效管理關係品質。
- 用「預設面子」換取後續合作：在剛建立關係初期，主動給予正面評價或公開支持，這會讓對方心中形成「虧欠心理」，日後回報意願更高。
- 不為面子犧牲誠意：當面子已經阻礙了誠實與有效溝通，就要勇敢選擇誠意。可以用尊重的語言拆解誤會，也能用私人對話取代公開對抗。
- 練習說「這不影響我們的關係」：這句話是打破面子僵局的利器，它表示你仍尊重關係，但你要為真實立場發聲。

正確使用面子，就像使用信用卡，能加值也能負債。你的每一次「撐場面」，都該是為了關係加分，而非耗盡你的情緒儲備。

## 你的面子，別成了你最大的敵人

面子本是為了保護個體與社會關係的潤滑劑，卻常因使用不當，反而讓人陷入人際疲憊與心理壓力之中。真正的高段位社交，是懂得用面子換取實質連結與長期信任，而不是用它掩飾脆弱與壓抑真實。

請記住：當你把全部力氣都花在撐住形象，你就沒有餘力經營真誠的互動。面子不是問題，問題是你是不是願意從面子背後走出來，成為一個立體而有界線的人。

## 第四節
## 為何真誠反而輸在起跑點？

### 真誠不是起手式，而是後手優勢

在理想的世界中，我們都希望自己可以做一個「真誠的人」，不必猜忌、不用掩飾，說什麼都被理解。但在現實社交場域裡，過早展現真誠，反而會成為一種弱點暴露。

初期關係的建立本質上是一場角色評估與利益盤點。在這個階段，真誠常被誤讀為幼稚、無防備、缺乏手腕，甚至被某些人視為可以利用的空隙。

試想：

- ◆ 你坦白自己剛轉職不熟流程，對方卻在會議上公開點名你
- ◆ 你主動說出對某提案的疑慮，被主管記上一筆「難搞」

## 第四節　為何真誠反而輸在起跑點？

◆ 你真心提議某個同事的貢獻應被看見，最後升遷的卻不是他也不是你

這些情境並非表示誠實無用，而是說明了一件事：在錯誤的時間點說出真話，只會換來不對的後果。

## 社交認知偏誤：
## 你以為別人喜歡真誠，其實他們更喜歡舒服

我們都高估了他人對「誠懇之人」的好感，卻低估了他們對「說話好聽的人」的依賴。社交心理學研究指出，人們在初期互動中更偏好那些讓他們「感覺良好」的人，而非那些「幫助他們思考」的人。

這也就是為什麼：

◆ 勇敢講真話的員工，常被視為「有點難搞」
◆ 直接指出缺失的朋友，漸漸不被邀約
◆ 太快說出內心話的人，讓人感到壓力大、不自在

當你真誠以對，對方其實不一定準備好聽見你那份真誠。這種心理反差，來自於我們將「真誠」視為社交起點，而忽略了關係容器尚未成形時，情緒的真相會變成一種情緒負擔。

第一章　社交從誤會開始：拆解人際錯覺與潛規則

## 真誠與透明不同，誠意不代表不保留

很多人混淆了「真誠」與「毫無保留」的差別。

- 真誠，是你說的每句話都與內心一致
- 毫無保留，是你把所有心事一次倒出來，期望對方全然接住

在社交中，誠意應該逐步揭示，而非一次掏光。因為人與人之間，需要透過時間來測試彼此的接納範圍與理解能力。若你太快讓對方進入你的情緒深水區，不僅會讓人感到壓力，還可能引發「社交逃避」。

與此同時，你也可能因此在無意間把自己的弱點攤在檯面上，成為他人在競爭與比較中的武器。誠如一句經典社交語錄所說：「不是你不該相信人，而是你要知道什麼時候該相信。」

## 社交競技場裡，真誠該如何站穩立場？

在一個講究策略、形象與動態利益的社交場域中，誠實者要如何不變得脆弱？關鍵在於：把真誠轉化為力量，而非揭示自己的弱點。

這裡有幾個具體操作法：

## 第四節　為何真誠反而輸在起跑點？

- 誠實表達觀點，但保留情緒解釋：你可以說「我對這件事有不同的看法」，而不是說「我其實很受傷」。
- 說出觀察，而非立即評價：與其說「我覺得你不尊重我」，不如說「我發現你在討論時較少回應我的建議」。這樣既真誠，也保有空間。
- 建立回應節奏：在給出誠實意見前，先試探對方的接受度，例如：「我有些直白的想法，你方便聽嗎？」
- 真誠但有分寸地拒絕：不用為了顧及和氣而吞下界線。說「我現在真的沒辦法處理這件事，但我會找其他方法協助你」比「我不行」更具誠意與力量。

這些操作看似技巧，實則是你如何在保有自我完整性與社交適應性之間找到平衡。

### 真誠是一種長期競爭力，不是初期表現技

誠實從來不是不該有的特質，而是不該急著展現。

真誠不是你進入一段關係的邀請函，而是你通過層層磨合後獲得的「信任通行證」。

請記得：真誠是要對值得的人使用的武器，不是無差別發送的自白信。

## 第一章　社交從誤會開始：拆解人際錯覺與潛規則

　　當你能在對的時機說對的真話，誠意才會成為你最強大的個人品牌，而非最沉重的社交包袱。

# 第二章
## 識人不難，信錯才難：
## 防禦型人際智慧

第二章　識人不難，信錯才難：防禦型人際智慧

## 第一節　好人陷阱與偽善偵測術

> 真正讓你受傷的，從不是壞人，而是「假好人」

人際關係中最危險的，從來不是那些你知道該提防的人，而是那些你以為可以信賴、其實最會偽裝善意的人。

這些「假好人」的可怕之處，在於他們披著溫柔的外皮，說著動聽的話語，讓你一步步交出信任，最後卻在你最脆弱的時候傷你最深。

假好人不一定是惡意者，他們可能只是高度社會化的利己主義者，擅長表演親切、理解與包容，但本質上，他們所有的「好」，都有條件、有代價、有計算。

這類型人最常見於職場與朋友圈中，他們懂得操作社交語言、情緒回饋與關係籌碼。他們不是為了關心你才靠近你，而是利用「好人形象」做為通行證，取得信任與控制權。而你一旦看不出來，就可能將他們請進你人生最深的信任區域，最終換來背叛與失落。

## 好人陷阱心理機制：為什麼我們總愛信錯人？

為什麼我們這麼容易掉入「好人陷阱」？心理學上可以從三個面向來解釋：

### 社會預期投射效應

我們從小被教育要對他人「有禮」、「友善」、「和氣」，於是當一個人展現這些表現時，我們會自動投射正向期待，誤以為對方也必然是真誠、仁慈的人。

### 心理補償需求

在孤單、焦慮、自我價值感低落的時候，人特別渴望被理解與接納。而假好人就是在這些時刻釋放出大量關注與支持訊號，讓你誤以為遇見知音。

### 互惠原則失衡

當對方主動對你好，我們會產生心理壓力要回報，於是會主動掩蓋他的不合理行為、選擇性忽視疑點，甚至為他合理化。這讓我們更難脫離一段不對等、甚至有毒的關係。

這三種心理傾向會疊加，讓人漸漸失去判斷力，把「包裝得像是朋友的人」當成安全對象，而忽略了那些真正對你直言不諱、表面不夠溫柔、實則誠懇的人。

## 偽善者的行為特徵：三種常見面貌與辨識法

要辨識「假好人」，不能只看表現，而要從行為邏輯與反應模式入手。以下三種特徵最具代表性：

**過度關心但從不深入**

他總是主動問你「最近好嗎」、「需要幫忙記得找我」，但當你真正尋求協助時，對方總有理由缺席。這種人透過「關心語言」建立人設，但實際行動上卻永遠保持距離。

**隱性比較與說話雙關**

他會以稱讚包裝比較：「你最近瘦了耶，比之前好看多了」、「你那個案子很厲害，只是如果換我可能會更精準」……言語中混雜微刺與優越感，讓你心裡不舒服卻難以反駁。

**對外捧你，私下削你**

在眾人面前他可能誇你、支持你，但私下卻跟別人傳話、質疑、操作你的形象。這類人最擅長的是兩面溝通，在不同人面前展現不同立場，以獲取最大社交資源利益。

這些人最大特徵是：永遠不讓你真正「看見他」的立場與價值觀，只有你一次次被誤導後才發現錯估。

## 防偽指南：三道心理防線保護你的人際資產

辨識是假好人只是第一步，真正重要的是建構自己的「防偽系統」，避免一再陷入信錯人的人際重複劇本。

### 觀察長期一致性，而非短期表現

判斷一個人是否可信，不是看他在你困難時怎麼說，而是看他在你沒利用價值時是否還願意留下。觀察時間軸的變化，是最有效的信任評估方式。

### 拒絕被情緒綁架

很多假好人擅長在你感性最脆弱時釋放善意，讓你無法冷靜思考。建立情緒覺察力，當你感受到對方「太貼心」、「太了解你」時，反而要按下慢速鍵與距離鍵。

### 建立多重信任途徑

不要把所有情感與信任投資在單一對象身上，尤其是才認識沒多久的熱情者。學會把關係當成分散式資產，讓你在被某段關係背叛時不至於一夕崩盤。

## 真正的善良，從不急著證明

偽善的最大特徵，就是他急著讓你相信他是好人。而真正的好人，從來不會急著討你喜歡，也不怕你懷疑。

第二章　識人不難，信錯才難：防禦型人際智慧

人際關係不是靠表現，而是靠時間、情境與誠意累積。不要再輕易被話語收買、被熱情征服，你要學會用觀察力保護自己、用冷靜辨識善意背後的真偽。

## 第二節　如何看穿社交操控者的暗示話術？

### 社交操控者，不靠命令，而靠語言陷阱

大多數人以為操控是強勢壓迫、冷暴力或情緒勒索，但真正高段位的社交操控者，根本不需要吼、不需要逼，更不會讓你發現你被控制。他們只需要運用一句話、一個暗示、一個情緒表態，就能讓你甘心配合、甚至以為那是自己的決定。

社交操控的本質，是利用語言與氣氛設計，讓對方在無意識中做出有利於操控者的選擇，這種影響力建立在以下三種關鍵策略：

- ◆　語意模糊化
- ◆　情緒導向包裝
- ◆　責任轉移型引導

第二節　如何看穿社交操控者的暗示話術？

這些技巧不只存在於情侶或權力結構中，更廣泛地出現在職場、社群與團隊互動中，讓人難以覺察，卻長期受限於其中。

## 暗示話術一：語意模糊，讓你自己對號入座

這類話術的核心操作是「說一半、留一半」，例如：

- 「我不是針對誰啦，只是最近有些人做事讓我有點擔心。」
- 「有些人好像比較常遲到，你應該知道我在說誰吧？」
- 「我相信你懂我意思，我就不明講了。」

這些語句的共通特徵是：話沒有說死，卻帶有強烈指向性與暗示性。它的效果在於讓你自動代入，開始懷疑自己是否做錯、是否不被認可。即使對方沒明講，你也可能因此自我調整或自我壓抑。

這種語言機制被稱為「高語境溝通」，即一切靠語氣、環境與未說出口的話構成意涵，讓被操控者自己補足空缺。

解法是：直接還原具體語意。

面對這類模糊語言，你可以回問：「你是說我嗎？如果是，我願意聽具體的建議。」這句話會逼對方放棄模糊地帶，進入可對話的區域。

## 第二章　識人不難，信錯才難：防禦型人際智慧

## 暗示話術二：情緒先行，邏輯跟著退場

操控者常見的第二招，是用情緒鋪陳讓你失去思考能力。舉例來說：

- 「我都已經這麼努力了，你怎麼還可以這樣？」
- 「我只是希望我們能夠更好，但你總讓我失望。」
- 「我不想再多說了，如果你在乎的話，你會知道怎麼做。」

這些話的共同點，是不直接要求、不明言目標，卻以情緒壓力讓你自責或焦慮。對方讓你覺得你是錯的，是不體貼的，是該負責的，而你一旦進入自責循環，就會更容易妥協與順從。

這種話術常發生在親密關係與長期合作關係中，對方透過營造「情緒債務」，讓你覺得自己欠了他什麼。久而久之，你會逐漸失去自我界線，只為平衡關係氛圍而不斷讓步。

面對這類話術，你可以啟動「感受與行動分離」策略：

你可以說：「我感受到你很難過，但我不確定你希望我怎麼做。」這句話承認情緒，但把焦點轉回具體需求，避免你被情緒操控拖走。

## 暗示話術三：責任轉移，讓你背起他的選擇

這類話術的特色是讓你「感覺有選擇權」，實際上卻無法拒絕。例如：

- 「當然這還是你決定啦，我只是覺得如果換作我，我就會去做。」
- 「你不做我也能理解，只是可能大家會覺得你不太配合。」
- 「你如果真的想幫我的話，其實這件事也不難啦。」

這些句子看似給予你自由選擇，實則暗中施壓。你不做，就會被視為冷漠、不配合、不夠意思；你做了，對方卻可以說「是你自己決定的啊，我沒逼你」。

這類型操作最惡劣之處在於：操控者將壓力轉嫁給你，卻不承擔任何責任。當事情成功，他是受益者；當失敗，他說那是你自己的決定。

破解方式是：主動劃清選擇責任與期待分界。你可以說：「如果這是我來決定的事，那我會自己安排；但如果你需要我協助，就請清楚告訴我你想要什麼。」這句話讓你從情緒綁架中脫身，回到清晰溝通。

第二章　識人不難，信錯才難：防禦型人際智慧

## 建立反操控能力：讓你成為對話的主動者

真正強大的人際防禦力，來自於三種能力的建構：

- 語言意圖辨識能力：當你聽見話語時，不只聽表層內容，而是問：「他這句話背後想讓我做什麼？」
- 心理界線設立力：不讓對方的語言進入你自我價值的核心，不以他人話語決定你是否夠好。
- 自我導向的行為選擇：在做任何決定前，問自己：「這是我想做的，還是我被期待做的？」

這三種能力可以透過日常練習培養，例如重聽自己的對話錄音、練習回應式提問（你說這樣的意思是……？），或是日記反思中拆解他人話語對你的影響。你不需要當下就擊退操控者，但你需要有讓自己不再被話語擺布的意識與技術。

## 識破話術，是你掌控人生節奏的起點

語言是武器，也是防具。識破話語裡的操控，不代表你要開始與人對抗，而是讓你能在更冷靜與清明的狀態下，維護自己的選擇權與尊嚴。

請記住：別人怎麼說，無法決定你怎麼活；但你是否聽懂別人在說什麼，決定你能活得多自由。

## 第三節　MBTI 視角下的操縱型人格辨識法

### MBTI 不只是測性格，更是辨識社交風險的工具

MBTI 人格分類常被用來了解自己與他人性格傾向，但若你只拿它來判斷「誰外向、誰內向」、「誰合群、誰孤僻」，那就錯過了它最具力量的用途：辨識人際互動中的潛在操縱風險。

MBTI 可分為 16 種人格類型，根據四個維度（外向／內向、感知／直覺、思考／情感、判斷／知覺）組合而成。這些類型並無高下優劣之分，但每種組合下的社交傾向卻具有明顯特徵。若你能掌握這些特徵，便能更早辨識出操縱型人格的傾向與運作邏輯。

在這一節中，我們不做表格化分析，而是用現實語言告訴你——哪類型的人最擅長操控、怎麼操控，你又該如何應對。

### 高社交手腕型：ENFJ 與 ESFJ 的溫柔包裝術

ENFJ 與 ESFJ 通常被稱為「社交專家」，他們擁有極強的情緒感知力與場合適應能力，善於察言觀色與調節氣氛。

這使得他們很容易贏得初期好感，也很擅長透過微笑、讚美與支持建立關係。

問題是：當這種能力被濫用時，就會演變成「社交型操控」的代表。

典型語句包括：

◆ 「我真是太欣賞你了，只是……」
◆ 「我幫你這麼多，也不為了什麼，就是希望你也……」
◆ 「你真的很好，但有時候可能還可以再更貼心一點。」

這些話語聽起來充滿善意，卻內藏引導與控制。ENFJ 與 ESFJ 若帶有利己傾向，會透過道德性語言與人情壓力讓對方做出「看似自願、實則屈服」的選擇。

應對方式是：設立明確邊界，把關係還原成「你願意，我也願意」的平衡對話，而非「我對你好，所以你該怎樣」的情緒債務。

## 控制細節型：ESTJ 與 ENTJ 的邏輯壓迫術

ESTJ 與 ENTJ 天生具有高邏輯、強執行力與決策導向。他們在職場中往往是領導者，擅長規劃、統籌、下指令。這些特質本來是優點，但當與社交目的結合時，便可能產生高度壓迫性的操控行為。

典型語句包括：

- 「你如果照這樣做，結果一定會比較好。」
- 「你可以這樣選，但後果我就不保證了。」
- 「聽我的，這才是有效率的方法。」

這類人常以「我替你著想」的姿態，強加意志。他們邏輯清晰、話術乾淨，讓人難以反駁；而你一旦反對，就會被貼上「非理性」、「感情用事」的標籤。

這類操控最容易在上下階層關係、團隊決策中發生。

應對方式是：用數據與案例對話，讓情境具體化，回到對等討論空間，避免陷入他們設定的二選一邏輯。

## 情緒滲透型：INFP 與 ISFJ 的柔性依附術

INFP 與 ISFJ 屬於高情感輸出者，他們對人真心、敏感、樂於照顧他人。正因如此，當他們在關係中感到不安時，可能會無意識地運用情緒暗示、內疚投射與關係綁架等方式，試圖留住對方。

典型語句包括：

- 「如果你真的在乎，就不會讓我這麼難過。」
- 「我不想強迫你做什麼，但我真的很需要你現在陪我。」

◆ 「算了，你應該有更重要的事吧……我不打擾你了。」

這類話術表面上是體貼與退讓，實際上卻透過情緒退場的方式向你施壓，讓你陷入「我是不是太自私？」的自我懷疑。

這並不表示他們有惡意，而是當他們的需求未被滿足時，習慣用情緒傳達壓力，而非直接表達。

應對方式是：保持同理，但不接收不屬於你的情緒責任，鼓勵具體溝通，說：「我理解你感覺不好，但我需要你直接告訴我你希望我做什麼。」

## 操縱型人格≠壞人，而是未被看見的需求扭曲

你可能會問：這樣是不是把一些性格類型「妖魔化」了？當然不是。任何人格類型都有其操縱傾向，也都有其可貴價值。

MBTI 不是貼標籤，而是提供一面鏡子，讓我們看見不同性格在壓力、需求與關係衝突時，可能會採取的應對策略。

有些人用情緒控制關係，是因為他們害怕被丟下；有些人用邏輯壓迫別人，是因為他們深怕被否定；還有些人不斷釋放好意，是因為他們認為「被需要」等於有價值。

當我們看懂這些背後的心理動力，就能不再受制於行為表象，而是從需求本質中理解關係的真正樣貌。

### 不是怕遇到操縱者，而是怕你不認得他

真正成熟的人際智慧，不是遠離所有可能操縱你的人，而是在互動中迅速辨識、即時調整、保持自我。

MBTI 的價值，不只在於讓你知道「誰跟你合」，更在於提醒你「誰會影響你的界線」、「你自己在哪些情境下會被左右」，以及「你該如何回到主導位置」。

## 第四節　社交邊界的建立：情緒剝削如何反制？

### 情緒剝削，不一定大吼大叫，而是看不見的掠奪

當我們談到「剝削」這個詞，腦中可能會浮現霸凌、羞辱、打壓的場景。但真正令人疲憊的，往往是那些包裹在關心、委屈、依賴與愛裡的情緒勒索與心理吸附。

你是否曾遇過這樣的人：

## 第二章　識人不難，信錯才難：防禦型人際智慧

- 他總在你忙碌或低潮時丟出一句「你是不是不再在乎我了？」
- 他每次情緒不好都要你陪著，否則你就「不夠朋友」
- 他做了很多看似為你好的事，卻經常暗示你該回報、該感恩

這些行為不會明目張膽地要求什麼，但卻會不斷暗示你「你該犧牲」、「你該懂事」、「你不應該拒絕」，這就是一種典型的情緒剝削操作。它靠的不是聲音，而是壓力；不是控制，而是操弄。

### 邊界模糊，是情緒剝削得逞的溫床

為什麼情緒剝削這麼容易發生？答案只有一個：因為你沒有畫好界線。

在心理學中，「邊界」指的是一個人釐清自我與他人責任、情緒與行動的心理區隔。當一個人無法清楚劃分什麼是「我願意」與「我必須」，就會開始用「勉強配合」來維持關係。久而久之，就會讓剝削者得寸進尺、而自己持續內耗。

常見的邊界模糊狀態包括：

- 把他人的情緒視為自己的責任
- 不敢說不，怕被貼上自私標籤

## 第四節　社交邊界的建立：情緒剝削如何反制？

◆ 無條件接受請求，卻壓抑內心不悅
◆ 認為忍耐就是成熟，拒絕就是破壞關係

而這些內在信念，正是讓剝削者可以安穩吸取你資源與情緒能量的最佳場域。你不是被傷害，而是默許了對方靠得太近。

### 如何判斷你正在被情緒剝削？三個關鍵訊號

建立社交邊界的第一步，是辨識你是否正處於一段有毒的互動。以下是最常見的三種情緒剝削警訊：

#### 你總是在內疚中做出選擇

對方沒要求你什麼，但你總會感到「不做會有罪惡感」、「做了才覺得安心」，這種內在壓力不是來自意願，而是來自預期。

#### 你覺得自己的需求永遠排在最後

在這段關係裡，你總是調整自己、犧牲計畫、延後休息，只為了滿足對方的情緒或需求，而你的付出卻很少被真正理解或回應。

#### 你不敢說出真實想法，怕關係破裂

每次想說「我不想做」或「我有其他安排」時，你都會自動吞下來，因為你害怕對方會生氣、遠離、或讓你背負壞人的形象。

這三種現象若反覆出現,代表你與對方的情緒流動已經進入「剝削型關係模型」,而你正透過不斷自我壓縮來維持關係的表面穩定。

## 建立心理邊界:不是拒絕別人,而是允許自己

畫出邊界,不是要你變冷漠、變強硬,而是要你學會尊重自己,也教會別人尊重你。以下是建立健康社交邊界的實用步驟:

### 用「我」開頭表達感受

與其說「你太過分了」,不如說「我感覺壓力很大,需要一些空間」。這樣對方不會被攻擊,對話也更容易進入溝通。

### 設定具體的互動界線

例如:「我平日晚上不回訊息,週末可以討論」、「我只能幫到這個程度,其他部分你可能需要自己處理」,這樣的界線清楚、尊重,卻不退讓。

### 練習拒絕,讓自己安心

你可以這樣說:「我知道你有需要,但我現在真的沒辦法。希望你能理解。」拒絕不代表絕情,而是你在為自己做選擇。

## 第四節　社交邊界的建立：情緒剝削如何反制？

**不對他人的情緒負責**

當對方生氣、難過、冷戰，你可以陪伴、傾聽，但不需要替他承擔或修復。你要告訴自己：他有他的情緒，我有我的責任界線。

**界線建立後，不必解釋太多**

很多人畫好界線卻又忍不住解釋一大堆，怕對方誤會。其實一旦界線清楚，你唯一要做的，是堅持立場，不被情緒拖走。

## 你的情緒，不該為別人的需求讓路

當你開始為自己設立邊界，世界會重新調整對待你的方式。那些只想索取、不願尊重你空間的人會遠離，而真正重視你的人，會因你的清晰而更信任你。

社交裡最成熟的樣貌，不是給予越多越好，而是懂得保留與選擇。不是所有人都值得你的全力以赴，更不是所有情緒你都需要承擔。

## 第二章　識人不難，信錯才難：防禦型人際智慧

# 第三章
## 打開關係的正確方式：從寒暄到連結

第三章　打開關係的正確方式：從寒暄到連結

## 第一節　哈囉心理學：第一句話怎麼說才不尷尬？

### 開場白不是打招呼，而是關係的啟動器

「嗨」、「你好」、「今天天氣不錯」——這些常見的開場語雖簡單，但卻讓許多人感到無比尷尬與空洞。

你可能有過這樣的經驗：與一個陌生人或新認識的對象相遇時，雖然明知道應該打聲招呼，但開口那一刻卻彆扭得像是對著牆說話。

問題不在於你不會說話，而是你不確定「這句話」說出口後，關係會怎麼發展。

換句話說，開場白的尷尬，來自於我們對互動後續走向的不安與無把握。

哈囉心理學要處理的核心問題是：如何讓第一句話既自然又具「連結潛力」？讓它不只是形式上的開啟，而是真正為後續建立一條通往信任的通道。

## 為什麼「你好」不夠好？
## 第一印象的語言設計陷阱

社會心理學研究指出，人們在見面的前七秒鐘就會對彼此形成初步印象，而其中超過50%來自非語言溝通（肢體語言、表情），但仍有將近40%來自語調與用詞。

也就是說，你第一句話講「什麼」其實不是重點，而是你怎麼講、有沒有情感、有沒有觸動對方的感知機制。

一個沒有內容的問候（例如單調地說「嗨」）會讓對方感到應付與疏離，因為這類語言既無個人化，也無方向感。

相反地，若你的開場白具有三項元素，就更容易打開關係的門：

- 定位清楚：讓對方知道你是誰、為何出現
- 有情緒氛圍：語氣自然、有熱度，讓人感受到溫度而非客套
- 附帶互動鉤子：設計出可接續的空間，讓對方能接話、不被丟包

範例如下：

- 「嗨，我是今天跟你同桌的那位，剛剛聽你講投影片很精采！」

- 「我其實也超怕這種場合，看到有人穿便服我就放心了（笑）」
- 「你剛才說的那句我有同感，想多聊一下可以嗎？」

這些開場白不是為了表現自己，而是創造對方參與的入口，這就是社交語言的關鍵結構。

## 三種實用開場白策略：開口不再只是尷尬句點

以下三種心理設計的開場策略，可以協助你打破初見的不確定感，提升對方接納度：

### 移情策略｜找出共同情境感

這是一種將雙方放在同一條心理線上的做法，例如：

- 「這會場也太冷了吧，你也是這樣覺得嗎？」
- 「我剛剛也在找洗手間，沒想到人這麼多。」

這種話語會觸發對方的「我也是」迴路，快速拉近距離。

### 觀察策略｜根據當下環境或對方特徵出發

- 「你這枝筆好特別，是在哪裡買的？」
- 「你剛剛提到的那個詞我沒聽過，想請教一下意思。」

這類語言具備自然性與無壓性，是最容易開啟話題的方式。

**輕微自嘲策略｜用脆弱創造親近**

◆ 「我每次這種場合都像小學生上臺一樣緊張（笑）」
◆ 「第一次來這類活動，希望等下不會太社死。」

這類開場能啟動對方的照顧與同理回應，形成心理傾斜，進而展開對話。

請記住，這些策略的核心不是「帥氣登場」，而是降低對方心理防衛機制，創造關係入口。

## 不同人格類型，開場白也要對應調整

你是否曾經講了一句話，對方卻冷回或忽略？這不一定是你說錯話，而可能是你用錯了溝通頻道。不同性格對開場的接收方式大不相同，以下提供幾種簡易 MBTI 對應範例：

◆ 內向型（I）：偏好輕聲、私下、節奏慢的開場。可用旁敲側擊與個人經驗切入。
◆ 外向型（E）：可以直接主動打招呼，使用表達式語言，如「我覺得你剛剛真的很厲害！」
◆ 直覺型（N）：喜歡聊概念與觀點，開場可以是「我聽你說那個理論，滿有趣的！」
◆ 感覺型（S）：偏好具體、生活化的話題，如「這邊的咖啡不錯喝耶！」

開場不是表演，而是調頻。當你根據對方性格調整說話方式，就能降低互動磨擦，提高對話黏性。

## 你說的第一句話，是你社交價值的第一投資

我們太常把「開場白」當成例行儀式，卻忽略它其實是一段關係的起點決策。說得好，彼此接得住；說得空，話題也就空了。

真正會說話的人，懂得把第一句話設計成邀請，而不是寒暄；變成空間，而非負擔。

讓人願意留下來聽第二句，才是關係能長久發展的基礎。

## 第二節　開場白的心理影響力設計

### 為什麼有些人一開口就讓人想靠近？

你是否曾經遇過某些人，他們開口的第一句話就讓你心裡一暖、眼神發亮、注意力立刻集中？不是因為他們話多，而是他們說話的方式充滿設計感——不誇張、不浮誇，卻讓

你感覺:「這個人值得聊下去。」

這種效果來自心理影響力設計,一種結合語言選擇、語氣控制與心理結構的社交策略。開場白如果設計得好,不只是「起點語」,而是一種影響對方情緒評價與信任傾向的介面。

真正厲害的社交高手,不是話說得最多,而是他們懂得讓對方在開場的瞬間覺得被看見、被理解、被尊重。

## 開場白設計的五大心理原則

若你想讓開場白具備影響力而非流於客套,以下五項心理原則必須內化於語言中:

- 具體性原則:用明確的話語開啟話題,例如「我剛看到你筆記寫得很密,我超佩服這種紀律感」比「你看起來很認真」更具影響力。具體讓人感受到真誠,也更容易讓對方接話。
- 輕觸式開場:避免太快進入私密領域,而是先透過輕微觀察或情境感知建立連結,例如「這家咖啡廳的燈光是不是太有情調了?有點不習慣」就比「你為什麼一個人來?」來得自然。
- 關聯投射法:透過簡短敘述產生情境共鳴,例如「我其實很不擅長這種社交活動,但看到你也一個人我突然比較安心」會讓對方感覺你有共同處境,是自己人。

- 開放式語尾設計：避免句點式收尾，而是留下語言鉤子，如「你也這麼覺得嗎？」、「你平常也會來這裡嗎？」這些問句不具攻擊性，卻創造後續互動空間。
- 情緒空間尊重：開場白不要只考慮你要說什麼，也要判斷對方此刻能接受什麼。觀察對方肢體語言與眼神，尊重對方是否準備好參與對話，是提升開場舒適度的關鍵。

## 開場語的潛臺詞：你的話語如何被「解碼」

每一句開場白都不只是文字，它都會被對方大腦「快速解碼」，轉化成一種潛在心理訊息。以下是幾個常見話語的隱藏心理反應範例：

- 你一個人來嗎？→（對方腦中訊息）：「你在打量我？」
- 我可以坐這裡嗎？→「你尊重我選擇空間」
- 你剛剛說的那個詞我很有感覺。→「你在聽我說話，而且有共鳴」
- 我很少遇到像你這樣的人。→「你讓我覺得被特別看待」

所以開場白的重點不在於「你要講什麼」，而是「你讓對方感覺到了什麼」。你開口不是為了說出話，是為了建立信

任與參與感。社交真正的魔法，不在語言表面，而在情緒編碼。

## 開場設計四階段實戰公式：從點頭到認同

為了讓你在任何場合都能設計出具影響力的開場白，這裡提供一個四階段實戰公式，可依場合與對象靈活運用：

### 第一階段：環境感知

「這邊氣氛還不錯，你也覺得嗎？」

「今天活動比我想像中熱鬧耶。」

→目的是破除彼此間的靜默與空氣牆。

### 第二階段：觀察肯定

「你剛剛的發言我特別留意，有點啟發。」

「你的筆電貼紙好特別，是自己設計的嗎？」

→目的是讓對方感到被看見、被欣賞。

### 第三階段：情緒表露

「我其實很怕社交場合，但看到你一個人我比較放心。」

「今天其實有點焦慮，不過氣氛慢慢讓我放鬆了。」

→目的是製造人性接觸點，減少陌生感。

## 第四階段：開放式邀請

「方便的話，等下一起拿點心？」

「你平常也參加這類活動嗎？我想多認識一些人。」

→目的是延續互動並建立後續關係橋梁。

你不需要每次都完整套用，但記得：讓對話的節奏是「漸進開放」，而非「突然進擊」，這是讓人願意接近的關鍵心理節奏。

## 好開場，是讓人打開心防，而非打開話匣子

影響力不是來自聲音的大小，而是你是否讓對方感覺自己被安全地對待、被真實地理解。

一個好開場，不是為了讓你「說得漂亮」，而是讓對方「感覺舒服」；不是要你展示自己，而是建立一個讓彼此都願意進來的空間。

請記住：你的第一句話，不只是傳達，而是在建立一種關係氣候。而這種氣候，將決定你們能走多遠。

## 第三節 小話題，大信任：社交破冰的心理槓桿

### 為什麼閒聊，看似無用，卻是信任的開始？

在許多正式會議或社交場合中，最讓人尷尬的，往往不是沉默，而是明明開了口，卻發現「聊不到一分鐘就卡住了」。很多人誤以為要建立關係，就要說些深刻、有價值的話題；但心理學顯示：人際信任的建立，往往是從無壓力的「低風險閒聊」開始。在這裡稱之為「輕接觸社交」，它是一種不具威脅、情緒安全、可以不帶結論的互動形式。舉例來說：

- 聊咖啡口味：「你也覺得今天這杯有點偏酸嗎？」
- 評論場地燈光：「我覺得這間會議室的燈，讓人有點昏昏欲睡（笑）」
- 自然觀察：「這是你第三次看手機了，應該是有什麼重要訊息吧？」

這些話題雖然無關痛癢，卻產生了兩個心理效應：

- 打開話語空間：對方知道你不是在考他、挑戰他，而是邀請他參與。

- 降低風險負擔：閒聊沒有正解與壓力，讓人能安全暴露情緒與觀點。

這就像心理暖身，讓對話慢慢升溫，為後續深入對談打下情緒地基。

## 破冰不靠「話題王」，而是用「反應設計」打開對方

許多人誤會「破冰」就是講出讓人驚豔的開場，但其實真正的破冰高手，不是會找話題，而是懂得讓話題活起來。

這其中的關鍵在於「反應設計」，也就是你怎麼聽、怎麼回、怎麼把對方的話引導成延續對話的契機。

以下是常見的三種破冰反應策略：

### 移情式接球

「我也是！」、「真的，我每次都一樣！」

這能讓對方感受到自己不是孤單的感受者，是快速拉近距離的絕招。

### 延伸式提問

「你說你不喜歡這種會場，那你理想的場合會是什麼樣？」

透過提問鼓勵對方思考並說出更多內容，創造持續性互動。

**輕吐露式分享**

「我以前也因為這樣，超尷尬的，後來才學會怎麼自保。」

這種分享會讓對方覺得你不是只在表面寒暄，而是準備進入更真實的層次。

你不需要每次都準備新鮮有趣的開場，而是練習如何讓平凡對話走得更遠。

## 三大破冰話題類別：從無壓力切入到微信任建立

你可能會問：「可是我真的不知道要講什麼啊！」別擔心，這裡提供三個最安全、最容易延伸、也最能建立初步信任的話題類別：

**共處情境話題**

針對當下環境、活動、人群觀察來說話：

◆ 「這場活動跟我預期差很多耶，你覺得呢？」
◆ 「我好奇他們剛才那段開場是故意這麼冷嗎（笑）」

### 無害個人偏好

聊一些個人品味但無明顯對錯的話題：

◆ 「你比較喜歡日式還是韓式料理？」
◆ 「如果你只能選一種電影風格過一輩子，你會選哪一種？」

### 輕旅行與日常習慣

這類話題自然有延展性，而且每個人都能參與：

◆ 「你平常有特別的放鬆儀式嗎？」
◆ 「你上次覺得『哇這裡好棒』的地方是在哪裡？」

破冰的要訣是：不要試圖證明你有趣，而是創造一個讓對方也能變有趣的舞臺。

## 社交破冰的常見錯誤：別讓對話成為壓力測驗

你可能曾遇過這樣的人：開場聊兩句後突然問你收入、工作年資、交往對象⋯⋯這些問題讓人只想快閃。這些就是高風險破冰話題，容易讓人產生防衛心理。

避免以下破冰錯誤：

第三節　小話題，大信任：社交破冰的心理槓桿

- 過早進入私領域：「你怎麼還沒結婚？」、「你月薪大概多少啊？」
- 炫耀式開場：「我剛從歐洲玩回來，真是太不一樣了！」
- 直接丟結論：「我覺得這活動辦得很差。」（讓人難接話）

這些話語不是不能聊，而是時機未成熟就先踩界線，會導致社交能量崩盤。破冰的本質不是「了解對方」，而是「讓對方願意被了解」。

## 你破的不是冰，而是信任前的沉默

我們以為信任要靠深度，其實信任常常只是一句被好好回應的話、一個被理解的眼神。真正厲害的社交，不是立刻把關係拉近，而是懂得一步步溫柔靠近，讓人願意卸下盔甲。

從今天起，請別再小看那些看似無聊的對話，因為你永遠不知道，那一杯咖啡、一句無傷大雅的觀察，可能就是讓彼此走進真實的入口。

## 第四節　從點頭之交到信任關係的溝通節奏

### 信任不是一次建立的，而是節奏累積出來的

許多人在人際互動中會犯下兩種極端：一種是過度客套、永遠停留在表面寒暄；另一種是焦急求快，認識沒多久就試圖掏心掏肺，想立刻進入親密關係。結果，前者關係永遠無法深入，後者則常讓人產生防備甚至疏遠。

事實上，信任關係的本質是「節奏型心理建構」——你每次互動的頻率、深度、情緒強度與時間間隔，會慢慢形成一種心理預測模型：對方可不可靠、會不會回應、值不值得投資。

這就像是你與某人從點頭之交到熟識的過程：不是因為哪一次對話特別深刻，而是因為你們曾在無數次不經意的問候中，彼此習慣、彼此回應、彼此信任。

### 關係節奏的四個階段：從陌生到穩定的轉換路線

信任關係的建立可以拆解為以下四個溝通節奏階段，每一階段都需要特定策略與耐心經營：

## 第四節　從點頭之交到信任關係的溝通節奏

### 1. 互見階段｜確認彼此存在感

這階段最重要的是「頻率與一致性」。你不需要講太多話，但要讓對方「知道你存在且對他友善」。

如：固定點頭、微笑、在群體場合簡單打招呼，或留言回應對方社群內容。這是建立熟悉感的基礎。

### 2. 互信階段｜初步信任感浮現

此時雙方開始出現更多互動話題，如日常分享、輕微抱怨、觀點交流等。你開始知道對方的一些習慣、偏好，而對方也開始對你有期待值。

這階段要避免「忽冷忽熱」，穩定與溫度比精采更重要。

### 3. 互助階段｜開始互相提供資源與支持

若你們關係進入這階段，代表彼此願意分享麻煩與請求幫忙。此時信任正式啟動，但也容易破壞。任何一次回應不到位或責任模糊，都可能讓關係退階。

關鍵是：清楚表達能力範圍，主動回應期待，不過度承諾。

### 4. 互依階段｜穩定而自在的互動狀態

你們不再需要天天聯絡，也不必刻意寒暄，卻能隨時對話、彼此理解，並在需要時挺身而出。這是高信任關係的終點，也是一段「社交進化」的結果。

第三章　打開關係的正確方式：從寒暄到連結

## 關係節奏的三大心理關鍵：讓信任穩定長出來

若你想讓一段關係不只是停留在點頭微笑，而能自然演變成互相信任的交情，以下三項心理節奏管理能力不可或缺：

### 情緒步調同步

信任不只是資訊交換，而是情緒節奏的對拍。當你表達情緒時，對方回應得當；當對方脆弱時，你給予剛好的支持。這會讓彼此覺得：我們在同一個頻率上。

### 互動反應回彈力

關係最怕一方主動，一方冷淡。若你傳訊息、提出邀約、給予關心後總是石沉大海，久而久之你會收手。要讓關係進化，對方的回彈力很重要：不是每次都回，但該回時要回、該關注時要關注。

### 界線清晰又彈性

真正成熟的關係不是全然敞開，而是有界線、有餘地。你可以拒絕、不方便、不回覆，但你也知道對方懂你不是疏遠，而是彼此尊重空間。彈性，是信任最柔韌的骨架。

第四節　從點頭之交到信任關係的溝通節奏

## 節奏錯亂的關係：
## 過度、過快、過急都會出問題

很多關係不是壞在「做錯了什麼」，而是壞在節奏不對。以下幾種常見錯誤節奏型態，你是否曾不小心踩過：

- 社交加速型：「我們才剛認識，你怎麼就開始抱怨人生？」→造成壓力與防衛
- 忽冷忽熱型：「有時熱絡到爆、有時完全失聯」→讓對方無所適從
- 高頻低質型：「每天問好，但都沒深度互動」→變成背景噪音，失去意義
- 單向推進型：「只有一方在努力維繫」→疲乏、不平等、易爆炸

關係節奏不是「多就好」、「快就對」，而是要對方也能自在地跟上來。

## 關係是長跑，不是衝刺；
## 節奏決定能不能跑完全程

信任從來不是瞬間產物，而是互動節奏中一點一滴累積的結果。你每次訊息的語氣、每一次對話的節點、每一次退

## 第三章　打開關係的正確方式：從寒暄到連結

一步與前進一步，都是在雕塑一段關係的輪廓與強度。

如果你想與人走得長久，不是靠感情用事，也不是靠熱情轟炸，而是靠你能否創造一種「讓人想持續靠近」的節奏感。

# 第四章
## 成為「有禮但不失界線」的人

## 第四章　成為「有禮但不失界線」的人

## 第一節　禮貌不是討好，是界線管理的開始

### 禮貌從不是軟弱，而是心理上的主權宣告

許多人誤以為「禮貌」就是討好，是壓抑自我、迎合他人、裝出客氣。但真正的禮貌，其實是一種有意識的心理界線管理策略。它不是讓你委屈，而是幫助你維持尊嚴、保護界線、穩固關係的工具。

想像你走進一場陌生聚會，如果你保持基本禮儀，不是為了取悅別人，而是讓別人知道你有自我界線，也懂得尊重他人。

當你在電梯裡禮貌點頭、在群組中適度回應、在請求前先表達體諒，這些看似微小的行為，都傳遞出一個訊息：「我是一個值得被好好對待的人。」

禮貌，不是懦弱的保護色，而是溫柔的盾牌。真正厲害的人，不是讓人不敢欺負你，而是讓人不敢輕視你，卻又願意靠近你。

## 有界線的禮貌：不迎合、不對抗，但很清楚

禮貌會被誤解，是因為我們常把它與「無條件順從」混為一談。

事實上，真正成熟的禮貌，講求的是清楚的界線＋穩定的情緒表達，以下是三種典型誤解與修正：

**誤解一：禮貌＝好說話**

錯！真正的禮貌會說「不」，但說得讓人感到被尊重。你可以說：「謝謝你的邀請，不過我這段時間安排已滿，若有空我會主動聯絡你。」

**誤解二：禮貌＝保持微笑**

錯！禮貌不需要你壓抑不悅，而是讓你有機會冷靜、清楚地表達立場。面對冒犯時，你可以說：「我知道你可能不是故意的，但這樣的話我會有點不舒服。」

**誤解三：禮貌＝避免衝突**

錯！禮貌是你在進入衝突時保持尊重，不是逃避爭執。成熟的禮貌是「我有異議，但我還是尊重你的人格」。

當你具備這種「有界線的禮貌」，你不再是溫吞的人，而是能清楚傳遞自我立場，卻讓人願意聽你說話的人。

## 第四章　成為「有禮但不失界線」的人

### 社交中的三種禮貌錯位：讓你失去尊嚴或影響力

社交禮儀的失衡，常讓人走向兩個極端，要嘛太軟爛，要嘛太生硬，而中間那條能保護自己又不疏遠他人的路，則需要練習與覺察。

以下是三種常見的禮貌錯位模式：

#### 1. 過度禮貌型：反覆道歉、過度自責

- 「不好意思麻煩你了，真的對不起。」
- 「如果可以的話，不勉強啦，真的不行也沒關係⋯⋯」

這類話語聽起來溫和，實則削弱自己的話語權與人格價值。過度道歉會讓你看起來立場不穩，甚至讓別人以為你對自己沒有信心。

#### 2. 功能性冷漠型：有禮貌，沒溫度

- 「收到，謝謝。」
- 「知道了。」

這類訊息雖無不妥，但若一再使用，會讓對方感到距離感、缺乏情緒連結。真正的社交高手懂得用簡單的句子加入情緒能量，如：「收到你的訊息了，謝謝提醒，我會注意！」

## 3. 討好掩蓋型：壓抑需求、不敢說實話

- 「我沒關係啊，你開心就好。」（其實內心不舒服）
- 「你說得都對。」（其實並不同意）

這類話語容易導致關係失衡。短期看起來和諧，長期則會累積不滿，終究引發爆點或無聲斷裂。

## 練習心理界線禮貌語：說得有禮，又不退讓

為了讓你在人際關係中更自在地表達自己，我們提供一組「心理界線禮貌語句」，幫助你在拒絕、回應、保留時都能清楚、優雅地表達：

- 表達立場但不對立：「這件事我有不同的看法，若你願意聽，我很樂意分享。」
- 拒絕而不責備：「謝謝你的好意，但我暫時無法答應。」
- 保留決定權：「我需要一些時間思考，晚點再給你回覆可以嗎？」
- 緩衝批評語：「我知道這件事你很努力，不過我這邊有些不同的觀察。」
- 冷靜中止討論：「我們都很重視這個議題，不過我建議我們稍後再聊，等彼此都冷靜一些。」

這些話語看似溫和，卻蘊含著穩定的心理立場，是讓你在人際間維持影響力又不失禮貌的利器。

## 當你有禮貌，世界會學會尊重你

你不需要為了不被討厭而討好每個人，也不需要為了守住尊嚴而強硬對抗世界。你需要的，是一種既溫柔又堅定的說話方式，既讓人舒服，也讓人敬重。

禮貌不是為了讓別人覺得你沒脾氣，而是讓別人知道：即使我不同意你，我仍願意以尊重對待你；即使我拒絕你，我仍是有教養的人。

這，就是「有禮但不失界線」的真正力量。

# 第二節　道謝與道歉的心理策略

## 道謝與道歉，是最被低估的社交影響力武器

我們習慣把「謝謝」和「對不起」當作基本禮貌，但其實這兩句話並不是社交的裝飾品，而是調整人際節奏的槓桿。

在高情緒、高壓力或權力不對等的情境中，道謝與道歉

## 第二節　道謝與道歉的心理策略

能發揮四種重要功能：

- ◆ 緩衝關係張力
- ◆ 重建互動框架
- ◆ 維持人格尊嚴
- ◆ 創造進一步對話空間

問題是，很多人要嘛不會說（例如道歉敷衍、道謝流於形式），要嘛亂說（例如不該道歉時道歉，導致地位下降），更糟的是，有人把「對不起」當免責聲明，「謝謝」當場面話，使這兩句話失去力量。

若你能掌握什麼時候說、怎麼說、為什麼說，那麼「謝謝」與「對不起」將不再是禮貌語，而會變成你人際影響力中最穩固的支點。

### 道謝的心理邏輯：不是感謝幫忙，而是肯定價值

真正有力量的道謝，並不是「你幫了我，我就說謝謝」，而是你有意識地向對方傳遞「你做的這件事對我有意義」的訊號。

這樣的道謝，不只是對行為的反應，更是對關係的建設。

對比兩種道謝：

第四章　成為「有禮但不失界線」的人

- 「謝謝你幫我印文件。」（事務型回應）
- 「謝謝你願意在你那麼忙的時候，還花時間幫我印這些，讓我能準時完成報告，我真的很感激。」（關係型感謝）

後者不僅讓對方感受到自己的行為被看見、被珍惜，更會強化對這段互動的情感投資。

此外，道謝也是一種潛在的信任邀請。當你先說出感謝，對方更容易願意持續給予，人類天生會對「欣賞自己的人」給予更高回報。

## 道歉的力量，在於修復而非屈服

很多人對「道歉」有錯誤理解，認為道歉就等於承認自己錯、輸、失去立場。但事實上，道歉是修復關係的一種主動掌控力，是你選擇將情緒裂痕補上，而非逃避或加劇對立。

不當的道歉，反而會讓人失去尊重。常見的錯誤道歉包括：

- 責任閃避型：「如果我讓你不開心，那我很抱歉。」（這其實是把錯怪在對方「太敏感」）
- 敷衍格式型：「我說過對不起了還想怎樣？」（這不是對不起，是不耐煩）

- 情緒操控型:「我就是不好,你要這樣對我也沒關係。」(把道歉變情緒勒索)

真正的有效道歉,需要具備三個成分:

- 承認具體影響:「我知道我遲到害你等了快一小時,打亂了你原本的計畫。」
- 表達理解與同理:「我可以想像你當下一定很焦急又困擾。」
- 提出補救或改善方案:「我會調整時間管理,未來絕不再發生,也請你把今天的費用算我一份。」

當你的道歉具備這三要素,對方就容易放下防衛,信任也更容易回流。

## 何時不該道歉?維持自尊的「非道歉界線」

道歉不是萬靈丹,也不是對方不高興時你就要自我貶低。以下是幾種你不該道歉的情況,務必學會守住心理界線:

### 對方情緒起伏不由你引發時

對方今天心情差,不代表你得說對不起讓他更糟。你可以安慰,但沒必要背情緒債。

# 第四章　成為「有禮但不失界線」的人

### 你只是表達立場而非攻擊

如果你平和地說出不贊同的觀點、設立界線、做出選擇，這不是錯，也不該因對方不滿而道歉。

### 被要求屈服於不合理期望時

有人會說：「你怎麼可以不幫我？你以前都幫的。」這時你應該說的是：「我知道你可能失望，但這件事我現在無法做到。」而不是「對不起我不應該拒絕你。」

不該道歉時卻說對不起，是讓人低估你的開始。

---

**社交中的「道謝＋道歉混合術」：**
**當你想表達誠意但不願承擔錯誤時**

---

有時候，我們處於一種「我沒錯，但還是想修復關係」的情境。這時，可以採用「道謝式道歉」的策略：

- ◆ 「謝謝你指出這一點，我之前沒注意到。」
- ◆ 「感謝你願意讓我知道你的感受，我會調整方式讓你更舒服。」

這種說法不等於認錯，而是把重點放在「感謝對方願意溝通」，一樣可以達到關係修復的效果，並保留你的心理主權。

> 說對「謝謝」與「對不起」，是最強人際情商展現

社交裡最能突顯一個人情商的，不是口才，而是在關鍵時刻，說出有分寸、有溫度、有意圖的道謝與道歉。

當你能真誠表達感激，對方會更願意幫你更多；當你能穩定承認影響，對方會更信任你的人格。這些話語看似簡單，卻在潛移默化中，決定你的人際資本是否不斷升值。

## 第三節　贈與心理學：送禮送到心坎裡

> 為什麼有些人送什麼都被感謝，
> 有些人送再貴也被嫌？

在現代社交場域中，送禮早已不再是節日專屬，它是一種關係訊號、一種心理投資，也是一種社交智慧的展現方式。問題是，許多人對「送禮」這件事感到壓力，不知該送什麼、何時送、怎麼送才不會失禮又不會太過。

更糟的是，錯誤的送禮反而可能造成誤會、距離感，甚至引來反感。例如：

第四章　成為「有禮但不失界線」的人

- 送了一條昂貴領帶，對方卻很少穿西裝
- 送了香水，卻踩到對方的過敏地雷
- 送了一盒禮品，對方收下後卻再也沒聯絡你

這些尷尬狀況的根源只有一個：你送的，不是對方「需要的」或「在意的」，而是你「認為不錯的」。

真正厲害的送禮，是用對方的語言與喜好在說「我懂你」。這不是單純交換禮物，而是投遞一份心理價值。

## 贈與的心理機制：為什麼禮物能撼動人心？

在心理學上，「贈與」之所以有效，不只是因為它象徵物質交流，更重要的是它觸動了四個社會情緒機制：

### 被看見感

「你居然記得我最近很累，還送了能助眠的香氛」——這句內心話，是送禮的精髓所在。對方感受到：你有注意到我，甚至是我沒說出口的需要。

### 自我價值確認

好的禮物會讓人感覺「我值得被對待」，進而提升對自我的正向評價，這種效應稱為「關係鏡像」。

**情感觸發與記憶封存**

某些禮物能喚起回憶、共鳴與情緒波動，像是一張手寫卡片、一張過去合照、一本他常提到卻沒買的書。

**心理債的正向啟動**

不是「欠情」，而是讓對方願意未來以更積極的方式回應你。這不是為了討人情，而是讓關係進入「你對我好，我也想為你多做點什麼」的正向循環。

簡言之，真正的禮物，不是東西，而是情緒的橋梁。

## 三種送禮失誤類型：別讓好意變壓力

很多送禮出問題，不是你不夠大方，而是忽略了「送禮的心理地雷」。以下三種最常見：

**炫耀型送禮**

強調品牌、價值、稀有性，讓對方覺得「壓力很大」、「欠太多人情」。

如：「這是我朋友從法國帶回來的，市面上買不到，我特地留給你」──聽起來不是溫暖，是像在考驗。

## 第四章　成為「有禮但不失界線」的人

**自我投射型送禮**

送的是自己喜歡的，不是對方需要的。

如：「這枝筆我超喜歡，我想你也會喜歡」——但對方可能根本不寫筆記。

**場景錯位型送禮**

時機、關係、場合都不對。

例如：剛認識沒幾次，就送高價精品，讓對方懷疑動機；或在嚴肅工作場合送可愛玩具，讓對方不知如何反應。

這些送禮錯誤的共通點是：沒有從對方的世界出發，而是從自己的期待出發。

## 送到心坎裡的技巧：三步驟打造有感禮物

若你想成為那種「人家收過一次你的禮物就忘不了你」的高段位送禮者，以下是實戰三步驟：

**步驟一：觀察對方「心理語言」**

你要做的不是打聽對方喜歡什麼，而是觀察他怎麼表達自己。他常聊什麼？他最近煩惱什麼？他的生活細節透露哪些未被滿足的需求？

例如：

- 一位總說睡不好的人,可能需要一個助眠香氛或白噪音機
- 一位經常曬貓的人,可能會對客製化寵物相框感到超級驚喜
- 一位很少談自己但常送人小禮的人,可能會對「被反過來細心對待」感動更深

送禮之前,請花心思傾聽與觀察,一個有感的禮物往往藏在一句小小的自述裡。

**步驟二:選擇「移情型」或「補位型」禮物**

移情型:與對方情緒、價值觀有連結的禮物,像是共讀的一本書、一段曾經共同參與的音樂或地點的紀念品。

補位型:幫他補上日常未能照顧到的細節,如健康、休息、紀錄等。例如筆記本、護手霜、舒壓小物等。

重點是:讓對方覺得你想的是「他現在的生活」而不是單純的「禮貌交換」。

**步驟三:搭配一句話或一張紙條,強化禮物情緒意義**

別讓禮物單獨說話,加上一句溫暖的語言,是讓禮物成為情感錨點的最後一哩路。

例如:

## 第四章　成為「有禮但不失界線」的人

- 「你最近辛苦了，這個是讓你放鬆一下的工具。」
- 「你說過這個品牌一直想試，希望你會喜歡。」
- 「這不是什麼大禮，只是讓你知道有人在意你。」

有時候，一張手寫卡片比一件萬元禮物更能讓人動容，因為你傳遞的是關係，而非價格。

### 禮物，是你與對方關係的「心理快遞」

在這個資訊過剩、情緒匱乏的年代，一份被好好選擇與設計的禮物，不只是物件，而是一段關係的存證。它能讓人記住你、思念你，甚至重拾對某段關係的信任與感動。

請記住：真正動人的送禮，不是你花多少錢，而是你用了多少「心理在場力」。這樣的贈與，才會送到對方的心裡，而不是只落在手上。

## 第四節　拒絕別人，卻不讓人反感的說話術

### 拒絕，是人際關係中最難學會的能力

你有多少次，答應了你不想做的事，只因為你不知怎麼開口說「不」？

你有多少次，嘴巴答應，心裡卻在怒吼：「為什麼又是我？」

我們從小被教導要有禮貌、要為別人著想，但很少有人教我們怎麼拒絕他人而不失禮、不失關係，也不失去自己。

事實上，心理學家指出：「無法拒絕」常與「害怕失去關係」、「不想承擔對方情緒」或「自我價值感不穩定」有關。這會讓人陷入一種名為「關係討好症」的心理陷阱，長期下來不只造成內耗，還會讓他人習慣予取予求。

真正成熟的社交，不是處處討好，而是知道什麼該答應、什麼該堅持，並且懂得怎麼說出界線，卻不讓人討厭。

## 第四章　成為「有禮但不失界線」的人

### 拒絕別人為何會讓人反感？背後的心理解碼

在你開口說「不」之前，對方心裡其實已經進行了一連串心理解讀：

- 「你是不是不重視我？」
- 「你是不是想切斷我們的關係？」
- 「是不是我哪裡做得不夠好？」

人對「被拒絕」極度敏感，是因為它會觸動一個潛意識恐懼：我被排除了。

這也是為什麼，當我們拒絕別人時，對方有時不是不理解，而是感到「被否定」了。所以，要讓拒絕不帶來反感，你要做的，不是避開拒絕，而是轉換語言架構與情緒邏輯。

### 拒絕不等於冷漠：三種溫和堅定的說話策略

以下是三種實用、成熟、不失溫度的拒絕技巧，讓你可以說「不」，卻不把人推出去：

#### 1.「感謝＋說明」型拒絕法

範例語句：

- 「謝謝你想到我，我真的很感激。但這段時間我手邊事情太多，恐怕無法幫上忙。」

- 「你願意找我，我覺得很榮幸，但我目前還無法負擔這樣的責任。」

→這類拒絕方式讓對方知道：你不是不願意，而是能力有限＋對他依然尊重。

## 2. 「緩衝＋替代」型拒絕法

範例語句：

- 「這件事我沒辦法處理，不過你可以找 A，他這方面很熟。」
- 「我無法參加，但你們如果拍照記得傳給我，我會在心裡支持你們。」

→給出「另一種可能」會讓對方知道：你沒把門關死，只是換了方式參與。

## 3. 「我式語言」界線法

範例語句：

- 「我現在需要把時間集中在家人身上，暫時不接額外的合作。」
- 「我有自己的步調需要守住，這件事恐怕不在我的節奏裡。」

## 第四章　成為「有禮但不失界線」的人

→不責怪對方、不評價事情,而是用「我需要」為主詞,讓拒絕成為一種自我管理的表達,而不是情緒性的推拒。

## 說「不」前的四個心理評估問題

若你仍不確定這次該不該拒絕,可以先問自己以下四個問題:

- 如果我答應了,會壓縮我其他更重要的事嗎?
- 我答應的動機是出於真心還是出於壓力與內疚?
- 若我總是答應這樣的請求,會讓對方對我有錯誤期待嗎?
- 這個請求是否合理?我是否只是怕尷尬或怕破壞氣氛?

這四個問題不是要你變得「小氣」,而是幫助你釐清真正的界線與責任感所在。

當你發現你說「不」其實是為了維護健康的互動,你就能更坦然,也更誠實地拒絕他人。

## 拒絕後的關係維繫術:保留餘地的藝術

說「不」之後,若你希望仍保有關係的可延續性,可以搭配以下三種補充說法:

- 延伸善意:「雖然這次我無法參與,但我真的很支持你,也希望你一切順利。」
- 設定條件:「這次我幫不上忙,不過下次若提前告訴我,也許能安排得過來。」
- 傳達重視:「我知道這對你很重要,所以我不是隨便說不,而是真的力不從心,請相信我依然重視我們的關係。」

這些話語讓人理解:你不是為了逃避而拒絕,而是有選擇、有節奏地經營彼此關係。你的誠意,會從話語邏輯中被感受到。

## 會說「不」的人,才能真正說出「我願意」

社交中最難學的,不是怎麼打開話題,而是怎麼劃清底線。

一個總是說「好啊」的人,最終可能讓人不再相信他的「願意」;而一個懂得說「不」的人,他的每一次點頭都更有重量與信任基礎。

請記住:拒絕不是拒人千里,而是為了關係能走更遠、彼此不累、互相尊重。

# 第四章　成為「有禮但不失界線」的人

# 第五章

## 關係的投資法則：
## 先捧再求的心理順序

# 第五章　關係的投資法則：先捧再求的心理順序

## 第一節　「先給再要」的社交投資報酬模型

### 為什麼有些人一開口，別人就願意幫忙？

你可能見過這樣的人：他總是能輕鬆地請別人幫忙，不費吹灰之力就得到支持，甚至連你自己都不知不覺答應了。

但也有人，不論怎麼開口、再三強調誠意，卻總是被婉拒、被拖延、甚至被已讀不回。

這並非全然關乎你「說得多好」，而是取決於一個長期被忽略的人際邏輯：社交裡的價值先行原則。

簡單來說，人際互動的本質像是一場「心理投資」，若你在對方心中沒有先建構「願意幫你」的認知基礎，你的請求就會被視為風險；但若你曾給出價值，甚至主動協助、給予尊重與支持，那麼你就成了「值得回報的對象」。

這就是所謂的「先捧再求」、「先給再要」的社交報酬法則。

## 心理學視角下的社交投資模型

根據美國社會學家霍曼斯（George C. Homans）的交換理論，人際互動會基於一種「隱性帳本」，人們會無意識計算互動中的成本與回報、投入與獲益。

從這理論延伸出一個關係投資三層結構模型：

### 1. 信任基礎建構（先給價值）

在這階段你提供的未必是金錢或實質協助，可能只是情緒支持、主動傾聽、合理稱讚、幫助對方在群體中有存在感。這是讓對方「感覺你是友軍」的起點。

### 2. 角色定位強化（建立互惠感）

當對方開始將你視為某種角色：資訊來源、支持者、合作夥伴、同路人——你與他的互動就開始形成穩定的互惠軌道。此時他對你的幫助，不再是「應付」，而是「自動自發」。

### 3. 信任轉換為資源（有效提出需求）

到了這階段，你的請求會被視為「互動延伸」，而不是「臨時麻煩」。這時開口要協助，對方會覺得自然，也容易接受。因為他在你身上看見了情感與價值的累積。

第五章　關係的投資法則：先捧再求的心理順序

## 常見的「失敗請求」：忽略投資順序導致反感

若你在未建立足夠關係資本前就直接開口，極易產生下列三種負面心理效果：

- 利益動機顯化效應：「你找我不是因為重視我，而是因為你想利用我。」
- 情感連結斷裂效應：「你平常都不互動，突然出現就是為了請求？」
- 信任稀釋效應：「你沒給過我什麼，我為何要給你回報？」

這些效應最終會讓你的請求失效，甚至讓對方未來不願再互動。人際的長期穩定性，是由小額累積的信任換來的，不是一次性操作。

## 如何「先給」才有效？
## 三種高價值社交輸出

以下是三種在互動中可立即實踐的「價值先行」策略：

### 1. 情緒認同與稱讚（讓對方被看見）

不流於浮誇、不只說「你很棒」，而是針對行為或特質具體稱讚：

- 「你剛剛在會議裡的觀察很犀利，我其實從你發言學到不少。」
- 「你處理這件事的態度我很欣賞，冷靜又有條理。」

這類語言能有效建立「你是懂他的人」的形象，信任從此開始萌芽。

## 2. 主動協助與小型貢獻（讓對方感到被支持）

當對方有需要時，不是搶戲，而是剛剛好地提供支持：

- 「我剛好手上有這資料，要不要我傳給你？」
- 「你這禮拜看起來很忙，我這段可以幫你 cover 一下。」

這些主動行動，會在對方心中建立一個「你值得幫」的心理帳戶。

## 3. 知識與資源轉介（讓對方從你這裡獲益）

不是炫技，而是分享對方需要的資訊、經驗、資源或人脈：

- 「我記得你之前想找這類工具，這篇文章滿有幫助的。」
- 「我有個朋友在那個領域，可以介紹你們聊聊。」

這樣的分享會讓你成為「值得交往」的社交節點，對方也更願意在未來回饋你。

### 會給的人，最終才拿得到想要的

關係從來不是對等交易，但它一定遵循一條原則：願意先給的人，才會真正被記住、被回應、被支持。

請記住：「先捧再求」不是操弄，而是尊重對方心理節奏的一種成熟智慧。當你願意先給出價值，你的人際關係就會開始產生正向回報循環，而當你真正需要幫助時，那些你曾點亮過的人，會為你發光。

## 第二節　認同感建立與反射性聆聽技巧

### 為什麼有些人總是讓人忍不住想講心事？

你身邊是否也有這樣的人——你跟他聊不到三句，情緒就不自覺放鬆，甚至不知不覺說出了平常不會講的話？他未必話多，但就是讓你覺得「他懂我」。

這樣的人不是有讀心術，而是懂得創造「認同感」與使用「反射性聆聽」技巧。

在社交心理學中，認同感是一種深層社交需求，它來自

於我們對「被理解」、「被重視」、「被接納」的渴望。當一個人覺得你真的在聽、真的懂他、而非只是等著回話時，他才會把關係的門打開。

這也是為什麼有些人什麼都不說，卻讓人覺得溫暖；而有些人講一堆，卻讓人覺得疲憊。關鍵不在你說多少，而在你是否創造了讓人願意說的場域。

## 認同感如何產生？三層心理邏輯拆解

你想要建立穩固關係，就必須讓對方產生「我和你同一陣線」的情緒預設，而這份預設，來自於以下三層心理運作：

### 1. 情境共鳴

當你表達出與對方處於相似狀態的感受時，對方會瞬間放下防備：

- 「我也有過這樣的經驗，真的超無力。」
- 「你剛說那句話，其實我前陣子也這麼想過。」

這不只是點頭附和，而是用真實經驗產生同頻感。

### 2. 情緒映照

比起評論與建議，情緒映照更能觸動對方安全感：

- 「聽起來你那時候真的很委屈。」

◆ 「你應該是又氣又無奈吧？」

這種語言讓對方感覺「你有在感受我,而不是在觀察我」。

### 3. 價值接納

在對方表達觀點後,不急著反駁或導正,而是先給出尊重:

◆ 「你會這樣想很自然,我如果在你的位置也會猶豫。」
◆ 「你的看法其實滿有道理,只是我沒這樣想過。」

這是一種「我不完全同意,但我理解你」的成熟態度,會大幅提升對方的自我價值感。

## 什麼是反射性聆聽？
## 真正的傾聽不是「嗯嗯」兩聲而已

反射性聆聽是一種有結構、有意識的傾聽技術,它不只是「你說我聽」,而是用語言與非語言的方式,讓對方知道你真的理解他說的內容與情緒。

它包含以下四個步驟:

## 1. 主動專注

保持眼神接觸、微點頭、收手機、停止分心行為,讓對方知道「你現在在這裡」。

## 2. 重述要點

用自己的語言重新說出對方剛說的話核心意涵,例如:「所以你是覺得,主管當時其實並沒理解你真正的苦衷,對嗎?」

## 3. 映射情緒

將對方語言背後的情緒點出來:「聽起來你有點委屈,甚至有點失望。」

## 4. 留下空間

不要急著接話或給意見,而是允許對方自己沉澱:「我說得對嗎?你想補充嗎?」

這種方式能讓對話進入更深的層次,也讓對方願意卸下心理防衛,進一步敞開互動。

# 社交中最常見的三種「假傾聽」行為

很多人以為自己在聽,但其實早已進入下列三種假性聆聽模式:

- 等說模式：表面聽，實際上腦中早在準備自己要說什麼回應。這會讓對方覺得你根本不在乎他說的重點。
- 搶救模式：對方還沒講完，你就急著提出解決方法、給建議。這會讓對方覺得你沒理解他，只是想快點解決問題。
- 判斷模式：對方分享感受，你卻用對錯框架回應：「你這樣想很偏激耶」、「那你幹嘛不當場講清楚？」

真正的聆聽，是為了理解，而不是為了反應；是為了讓對方感覺自己重要，而不是展示你很聰明。

## 五句瞬間建立認同感的黃金語言模板

若你不確定怎麼開口建立認同感，以下是五句實用且自然的語言框架：

1. 「如果是我，我也會有這種感覺。」
   → 傳遞「你不是怪人」的安全訊號。

2. 「你剛剛那句話我特別有感。」
   → 表達共鳴，不必全盤接納對方觀點。

3. 「這件事你一定反覆想了很久吧？」
   → 點出對方內在掙扎與認真程度。

4. 「這話你講出來應該也不容易。」

　　→強化對方說話的勇氣與信任價值。

5. 「謝謝你願意跟我講這些。」

　　→讓對方知道你理解他的打開不是理所當然,而是值得尊重的信任。

　　這些話語的重點不在花俏,而是真誠、溫和、無評價、且關心對方的情緒狀態。

## 當你讓人感覺被懂,你就擁有了社交的核心影響力

　　所有關係的深度,都從一句「你懂我」開始。

　　而這句話,只有在你願意放下自我焦點、進入對方心理現場時,才有可能出現。

　　請記住:你不是靠說得多好來贏得人心,而是靠你「怎麼聽」讓人願意繼續說。

　　聆聽不是沉默,而是最有力量的社交語言;認同感不是恭維,而是最穩固的心理連結。

## 第三節　權力遊戲中的贏家說話術

> 權力場上，贏家不只靠說服，
> 而是善用語言掌握情勢

在職場、商務、社群或任何有競爭與利益的互動情境裡，會說話的人不一定獲勝，但不懂說話節奏與語言布局的人，注定無法在權力遊戲中長期生存。

權力場不是純理性場所，它是心理賽局的交叉點。在這樣的環境中，你的每一句話，不只是溝通，而是影響關係格局、資源流動與角色定位的槓桿。

而那些真正贏得尊重與支持的人，往往不是最有地位、聲音最大的人，而是最懂得運用語言精準轉化氣氛與立場的人。

### 權力語言的三種心理定位：
### 你說話時，讓人看見你是誰？

在社交權力場中，你的語言會讓人自動將你分類。以下是三種主要語言人格定位，決定你在他人心中是哪一類型：

## 1. 主控型語言人格：主導、果斷、設定框架

這類人說話帶有界線、邏輯明確，會主動設定對話方向與討論規則。

例句：

- 「我們現在先釐清問題的本質，再討論可能做法。」
- 「我這邊建議先分工，再進入細節調整，會更有效率。」

這種說法能有效掌控節奏，讓人不自覺把主導權讓出。

## 2. 橋接型語言人格：溝通、協調、整合觀點

這類人擅長讓衝突緩解、找出共同點，是會議中的穩定器。

例句：

- 「我聽得出來你們兩位其實關心的是同一件事，只是切入角度不同。」
- 「也許我們可以同時保留這兩個方案，再看看其他人想法。」

這種語言能讓人感覺公平與被包容，適合化解張力。

### 3. 影響型語言人格：說服、引導、激發共鳴

這類人擅長用情緒語言與畫面語言創造移情，引導他人接受新觀點。

例句：

- 「如果我們現在不動手，兩週後情況可能更難控制。」
- 「我想讓大家想像一下：如果這個案子成功，我們站在舞臺上的那一刻，是不是值得？」

這種說法常在演講、提案與領導動員時極為有力。

真正的語言高手，不只擁有一種定位，而是根據場景靈活切換三種角色，在說話中創造權力格局。

## 社交權力說話術的四個關鍵技巧

以下四項語言策略，是贏家常用的心理話術設計技巧：

### 1. 話語順序操控：先設框、再陳述、後讓利

先界定問題或目標，再敘述觀點，最後給出空間讓人參與。

例句：「這次的重點是效率，我的觀點是……當然，也開放你們提出更快的作法。」

這樣能創造「主導中有合作」的場域，讓人服氣。

## 2. 引導式提問：問題裡藏立場

不是直接說「我覺得 A 好」，而是問：「你認為 A 的做法，是否比 B 更容易達成時間控制？」

透過提問方式藏入你的判斷，會讓對方更願意接收。

## 3. 權力語氣控制：穩定而不浮誇，堅定而不侵略

語速、語調與停頓都能展現你的立場強度。若你語氣平穩、語句簡潔，就能自帶氣場；反之，語氣急躁、情緒上頭，容易讓人質疑你能力與情緒控制力。

## 4. 「我觀點」表述法：堅定立場又不對立

與其說：「你這做法不對。」

不如說：「我自己會比較傾向⋯⋯原因是⋯⋯我能理解你的出發點，但我這樣想的原因是⋯⋯」

這樣不會讓人退縮，反而讓對方願意討論，這就是影響力的進場方式。

### 高階社交中的話語心理槓桿：
### 讓人願意跟隨的話術邏輯

在具有高利害關係的社交場裡，像是跨部門合作、高層簡報、競爭資源談判等，以下三個語言策略特別關鍵：

## 第五章　關係的投資法則：先捧再求的心理順序

1. 「三段式認同語」—— **打破立場對立的萬用開場**

    範例：

    「我能理解你剛才說的（同理），我也知道這件事對你來說很重要（認可），我也有一些不同觀點，希望能一起對焦看看（合作信號）」

    →這種說法讓對話進入建設性討論，而不是對抗。

2. 「角色轉換法」—— **讓對方以第三者視角評估**

    範例：

    「如果今天你是客戶，你會怎麼看這個處理方式？」

    →避免對方陷入自我防衛，進入較客觀思維模式。

3. 「群體期待投射法」—— **讓對方感覺不是你個人，而是眾人期待**

    範例：

    「團隊其實都很信任你處理這件事，只是想再確認細節穩不穩。」

    →減少權力對抗，放大對方自我責任感。

    這些策略能讓你在權力遊戲裡不僅有話語權，更能穩住格局、掌握節奏、帶動局勢。

> 會說話的人，不是操控他人，而是引導能量流向

社交裡的權力，不是喊出來的，也不是搶來的，而是透過語言讓人願意配合你、信任你、跟隨你而自然生成的。

請記住：說話不是用來「贏」，而是用來「建構」。當你讓一場對話變得更清楚、更理性、更合作，你就已經是局中真正的贏家。

## 第四節　如何優雅地提出請求讓人不想拒絕？

> 一樣是開口為難，為什麼有人總是被答應？

你一定遇過這樣的對比場景：

A 跟你說：「可不可以幫我一下？」你腦中瞬間浮現：「又來了……」

B 只說：「如果你方便的話，我有件事想請你幫忙。」你卻馬上說：「沒問題！」

## 第五章　關係的投資法則：先捧再求的心理順序

兩人講的都是請求，為何一個讓人退卻、一個讓人願意出手？

關鍵不在語意，而在語氣、時機、立場與回報感設計。

心理學家指出：人們對「被請求」的接受程度，與「對此請求的情境認知」息息相關。當請求被解讀為合理、體貼、尊重且能給彼此帶來好處時，拒絕的阻力會顯著下降。

所以真正優雅的請求，不是放低姿態，而是設計出一種讓人情緒舒適、理性接受、情感參與的合作體驗。

## 「請求」的五個心理接受條件

以下是讓人願意答應你的請求時，腦中會自動評估的五大心理邏輯。如果你開口前就設計好這些條件，對方將更難說「不」。

### 1. 動機是透明的

對方要知道你為什麼而請求，不會覺得你背後藏有計算或試探。

錯誤範例：「欸，我可以問你一件事嗎？」（先讓人焦慮）

正確範例：「我正在準備一份提案內容，你的意見對我很有幫助，能不能⋯⋯」

## 2. 請求範圍合理

別人願意幫你，不代表願意無限制幫你。你要讓對方覺得：這件事在他的可承擔範圍內。

錯誤範例：「你可不可以幫我弄整份簡報？」

正確範例：「能不能幫我看這一頁，看看有沒有邏輯問題？」

## 3. 給足選擇空間

人最怕被強迫，當你讓對方感覺「他有選擇權」，即使內容一樣，答應機率也會提高。

錯誤範例：「你一定要幫我，不然我完了。」

正確範圍：「如果你今天比較有空，能不能幫我看一下？」

## 4. 請求之前有互動鋪墊

關係突然跳到「要幫我」會讓人心理落差太大；但若你平時有互動鋪陳，請求就變得自然。

錯誤範圍：「我知道我們很久沒聯絡，但我這裡需要你幫我找資料。」

正確範例：「上次你提到這主題我一直記得，這次剛好想到你，想請你幫我看看……」

### 第五章　關係的投資法則：先捧再求的心理順序

### 5. 被幫助者能獲得正向回報

不是金錢回報，而是成就感、參與感、價值感。

錯誤範例：「你幫我一下，不然我會被罵。」

正確範圍：「這是我很在乎的案子，我希望能做到最好，你的專業意見會讓它更完整。」

## 三種讓人難以拒絕的請求話術設計

以下是實戰中最常用也最有效的三種請求說話術架構，可依照情境套用：

### 1. 價值參與型請求法：讓對方覺得在「共創」而非「被利用」

話術範例：

- 「我想邀你參與這個案子，因為你有我沒有的觀點。」
- 「我能完成一半，但你那一塊是我無法處理的，能否請你加入？」

→這種話術能讓對方產生參與價值感，更容易願意投入。

## 2. 軟退路型請求法：給出退場機制，降低壓力

話術範例：

- 「如果這件事超出你能幫的範圍，也沒關係，我完全理解。」
- 「你若不方便我可以找別人，只是你是我第一個想到的。」

→給退路，反而讓人有「你尊重我」的好感，更願意答應。

## 3. 先讚後求型請求法：真誠肯定對方，製造心理傾向

話術範例：

- 「你上次處理的方式我覺得超有啟發，這次我也想請你幫我看看。」
- 「你的細心我一直很欣賞，這件事我相信你會比我更知道怎麼處理。」

→讓請求成為對對方能力的肯定，心理上「幫你＝發揮自己」自然不易拒絕。

## 別讓請求「破壞關係」：
## 三種請求後的心理修補技巧

即使你用再好方式提出請求，有時對方還是會感到壓力或不自在，這時就需要在請求後進行心理維繫，避免關係受損：

**立即釋放情緒張力**

「真的不行也沒關係，我懂你的情況，還是謝謝你願意聽我說。」

→表示理解與尊重，不讓對方有內疚感。

**轉化為肯定機會**

「你會讓我第一個想到，就表示我對你很信任。」

→即使沒答應，也轉成正向情緒留下。

**感謝比結果更重要**

「你幫我其實是加分，不幫也不會扣分，我還是很感謝。」

→切斷「我答應你才有價值」的錯誤連結，讓人感到自在。

這些後續語言是讓關係更持久的潤滑劑，能防止請求帶來的壓力與消耗。

## 第四節　如何優雅地提出請求讓人不想拒絕？

> **讓人說「好啊」的，不是你請求得多急，**
> **而是多會說**

　　會不會說話，不在你能講多少，而在於你能不能用正確的話語設計、在正確的情境下、對正確的人說出正確的話。

　　優雅的請求，是一場心理設計，而非一句「拜託啦」。它讓人感到被尊重、被需要、被肯定，也因此更願意與你產生連結、建立合作、回報好感。

# 第五章　關係的投資法則：先捧再求的心理順序

# 第六章

## 職場社交學：

## 與主管、同事、下屬如何互動？

第六章 職場社交學:與主管、同事、下屬如何互動?

## 第一節 向上管理:建立信任與存在感

### 升職、升薪、升信任:為什麼你需要懂得「向上社交」?

在職場中,實力固然重要,但被看見的實力才能轉化為升遷與機會。許多人做事能力不錯,卻總在關鍵升遷、考績或重點專案上「被忽略」,不是因為他們不夠好,而是因為他們沒被高層記得,或者「記得的是錯誤印象」。

這時候,向上管理就成為不可或缺的職場社交能力。

向上管理不是拍馬屁、不是做表面功夫,而是一種讓主管安心、建立信任、提升存在感與互賴感的心理策略。這不只是管理學的技巧,更是關係經營的核心。

### 建立主管信任感的三個心理支柱

你與主管的關係,決定了你能否進入核心資源圈。以下是建立這層關係不可或缺的三個心理支柱:

第一節　向上管理：建立信任與存在感

## 1. 預期管理：讓主管「知道你會怎麼做」

主管最怕兩種下屬：一是做事沒頭沒尾、報告零碎；二是行動不透明、臨時爆雷。要打破這種印象，你必須讓主管知道你怎麼思考、何時會完成、遇到問題會怎麼處理。

做法包括：

◆ 每週固定簡短更新進度
◆ 提早預告問題：「我預計週三前會完成，不過資料統整可能會有延遲，我會提前應變。」
◆ 明確回覆：「收到任務，我目前規劃先處理 A，若時間不足會先交 B 部分。」

這些行為讓主管預期穩定，也就更容易放權與信任你。

## 2. 主動回饋：讓主管「覺得你會讓他更輕鬆」

你不是主管的麻煩製造者，而是幫他省腦、解壓、穩盤的人。這種形象，靠的是「主動匯報」＋「附帶建議」。

如：

◆ 「這週的數字異常下降，我抓出兩個可能原因與因應建議，請您參考。」
◆ 「那場簡報我會先打草稿，您看需要幾分完成度再給我方向。」

當主管感覺:「有你真好,省得我操心」,那你就成了他升遷時想拉上的那個人。

### 3. 信任情緒感知:讓主管「感覺你懂他的壓力與風格」

不同主管有不同情緒節奏,有些注重效率、有些偏愛細節、有些不喜歡被質疑。你必須學會觀察主管說話的語氣、回應時的眉眼、面對挑戰時的防衛模式,並據此調整自己的語言與節奏。

例如:

- 當主管明顯不悅時,不急著解釋,而是先說:「我感覺您現在比較緊,我先整理一下更清楚的資訊,等等再報告。」
- 當主管強調結果時,回報就要聚焦在「成果與行動」,而不是過程與原因。

你要讓主管覺得:你不是只會做事,你還「讀得懂我」。

## 提升「存在感」的三種關鍵策略

你做得再好,若主管看不見,也無法轉化為信任與提拔。以下是提升向上存在感的三個具體方法:

### 1. 公開發言參與策略

在會議中不只是「在場」，而是「有聲音」。可以提前準備一個觀察或提問，在適當時機提出。哪怕只是一句補充：「我同意 A 的看法，特別在……部分我也看到類似趨勢。」都能強化你的可見度。

### 2. 主動提案與問題辨識

不要等主管下指令才動作，試著提出微型改善建議、主動整理重複錯誤的趨勢、規劃替代流程方案。這樣的行動會讓你被認定為「主動思考型人才」，遠勝只會執行的人。

### 3. 貢獻外溢策略：讓主管被你加分

你幫主管處理麻煩、提升部門表現、讓上層看到團隊亮點，主管自然也會因你得利。這時他會傾向拉你進更多決策場域，讓你成為內圈成員。

## 向上溝通時最忌的五種地雷語言

想提升信任與存在感，有些語言習慣千萬要改，否則會讓主管對你印象扣分：

- ◆ 「我不知道要怎麼辦。」→改為：「我有兩個想法，想聽聽您的建議。」

第六章　職場社交學：與主管、同事、下屬如何互動？

- 「這不是我的錯。」→改為：「我能調整的部分是……下次會提早掌握。」
- 「我已經很努力了。」→改為：「我目前完成到這裡，若您有其他期待我可以再調整。」
- 「好像是……我不太確定。」→改為：「我現在能確認的部分是……剩下我再補齊資料給您。」
- 「都可以。」→改為：「若以時間效益來看，我建議走 A 方案，但我也能配合 B。」

這些話語邏輯看似細節，卻是主管決定你是否可靠、是否值得信賴的重要線索。

## 向上社交，不是諂媚，是職場信任建構的工程

職場中沒有人是孤島。若你無法與主管建立信任與互賴，即使你再有才華，也難以進入關鍵圈層。你不只是在做事，更是在做出讓人願意幫你加分的選擇。

懂得向上社交的人，不見得每次都說最多話，但每句話都踩在對的節奏、說在對的節點。你的存在感，不只是出現在場，而是讓人心裡「想到你」、「信任你」、「願意挺你」。

## 第二節　同儕合作：MBTI 性格互補搭配

### 為什麼明明大家都很優秀，卻無法合作？

在職場中，你一定遇過這樣的同事：他做事效率極高，卻難以配合節奏；他邏輯清晰，卻總是難以移情；他樂於參與討論，但執行力總跟不上。

其實，問題不在誰對誰錯，而是你們的「性格原始設定」不同。

職場合作的最大挑戰，不在專業，而在「心理節奏對不上」；最常見的誤會，不在價值觀，而在「處理方式無法同步」。

這時，MBTI 16 型人格理論就提供了一個極有用的合作理解工具。透過四大維度的性格組合，我們可以辨識每個人在資訊處理、決策風格、行動偏好上的差異，進而打造更協調的合作節奏。

### MBTI 四大維度簡介：從認知到行動的社交地圖

MBTI 將人格分為四個對比維度，共 16 種類型，每個維度代表你在互動與決策中的基本偏好：

## 第六章　職場社交學：與主管、同事、下屬如何互動？

### E（外向）vs. I（內向）

外向者喜歡討論、互動、有即時回饋；內向者偏好獨處思考、深度互動、後發而制人。

### S（感覺）vs. N（直覺）

感覺型重視細節、現實、可見數據；直覺型重視概念、可能性、願景與模式。

### T（思考）vs. F（情感）

思考型偏好邏輯與效率，強調客觀結論；情感型重視關係與價值，傾向同理與移情。

### J（判斷）vs. P（知覺）

判斷型喜歡規劃、確定性與秩序；知覺型則習慣彈性、即興與探索性選擇。

這些組合影響了每個人在工作節奏、溝通方式、問題處理與合作風格上的基本樣貌。

## 性格互補原則：如何「不一樣的人」才能一起工作？

真正高效的職場合作，不是找與自己一樣的人，而是找出互補搭配的方法。以下是幾種常見的性格組合與合作策略：

第二節　同儕合作：MBTI性格互補搭配

1. E＋I：行動與反思的搭配

　　潛在摩擦點：E型可能覺得I型太慢、難溝通；I型則認為E型太吵、過度干擾。

　　合作策略：讓E型負責外部聯絡與動態應變，I型負責資料整合與後勤規劃。會議中可先由I型書面回應，再由E型口頭呈現。

2. S＋N：現實與願景的整合

　　潛在摩擦點：S型覺得N型空想不切實際；N型認為S型太保守沒創意。

　　合作策略：讓N型先描繪藍圖與大方向，再交由S型落實具體流程與時間表。報告與提案可採雙軌制，一條講「為何做」、一條講「怎麼做」。

3. T＋F：邏輯與人心的平衡

　　潛在摩擦點：T型覺得F型太感情用事、容易分心；F型覺得T型冷血無情、難以合作。

　　合作策略：T型處理硬數據、策略與流程決策，F型處理人際協調、情緒安撫與關係維護。會議中T型主導議題、F型引導共識。

### 4. J＋P：規劃與彈性的互動

潛在摩擦點：J 型覺得 P 型拖延沒紀律；P 型認為 J 型死板不知變通。

合作策略：由 J 型負責設定時間節奏與階段里程碑，P 型負責因應變數、臨場應對與創新調整。進度報告時，J 型定調，P 型補充變項管理。

這些組合不是限制，而是「潛能激活邏輯」：懂得利用差異，就能打造最強戰隊。

## 實務應用：
## 如何根據 MBTI 調整溝通與合作方式？

你可以根據同事性格類型，微調你的社交互動方式，打造「舒適溝通場」：

### 對 E 型（外向）同事

- 開門見山，快速切入正題
- 適時給予即時回應與互動節奏
- 會議時鼓勵他們先發言、引導討論

## 第二節　同儕合作：MBTI 性格互補搭配

### 對 I 型 (內向) 同事

- 給予思考與準備時間，不逼問即時反應
- 傾向書面溝通、事後討論
- 尊重其節奏，避免過度干擾

### 對 T 型 (思考) 同事

- 用數據與邏輯說話，不帶太多情緒字眼
- 不要用「你讓我很難過」這種情緒語句，而要說「這決策可能缺乏效率指標支持」

### 對 F 型 (情感) 同事

- 在討論中適度關心其感受
- 給予正面肯定與關係照顧
- 用「我理解你的立場，我們一起找方法」取代「這做法不對」

### 對 J 型 (判斷) 同事

- 給予明確計畫與時程表
- 讓他們知道什麼時候做什麼，不要臨時改變決策
- 與其說「我們再看看」，不如說「這週先完成初版，下週再調整」

### 對 P 型（知覺）同事

- 提供彈性與空間,別限制創意發揮
- 把死線設早一點,讓他們有迴旋餘地
- 不要逼他們照表操課,而是以「目標導向」取代「程序導向」

> 懂人比懂事更重要,合作不在你有多強,
> 而在你多懂對方

工作不會因你一個人做得多好就順利,但卻會因你能否與不同性格的人合作而成功。

MBTI 不是貼標籤,而是提供一種尊重差異、創造互補、精準溝通的心理地圖。當你能根據性格與人互動,就能成為團隊中最關鍵的潤滑者、橋接者與推動者。

## 第三節　向下帶人：
## 不被討厭的領導溝通

### 為什麼有些人一升主管，反而更孤單？

在職場中，很多人以為升上領導階層，就能更順利推動事情、發號施令、建立威信。但現實往往相反 —— 越是年輕領導者，越常面臨這些困境：

- 明明有安排，團隊卻陽奉陰違
- 想扮演好人，卻變得沒原則
- 想強硬管理，卻換來人心疏離
- 跟下屬聊天變尷尬，開會氣氛冷場

這些問題的源頭，不是權力不足，而是溝通姿態錯位。

「向下帶人」並不意味著你是主宰，而是心理層次的共建者與影響者。你的說話方式，決定下屬的回應方式；你的語氣結構，就是他們是否信任、服從、主動、共鳴的起點。

## 第六章　職場社交學：與主管、同事、下屬如何互動？

### 領導者說話的三個心理轉換原則

你從「同事」變成「主管」後，語言策略必須跟著進化，否則就會在溝通上卡關。以下是三個向下溝通的心理轉換原則：

**1. 從指令轉為引導：讓對方自我認同任務意義**

與其說：「你照這樣做就對了。」

不如說：「你覺得這樣做能達成我們的目標嗎？有沒有其他想法？」

→領導不是規則的複製，而是讓人「內化任務」，願意主動推進。

**2. 從權威轉為合作：讓對方感覺被尊重、被需要**

與其說：「這件事我定了，你去執行就好。」

不如說：「我已經想了一個方向，但我希望你能幫我一起把它做得更完整。」

→領導不該是高高在上，而是創造「被參與感」。

**3. 從回報導向轉為意義導向：讓任務變成自我價值的實現**

與其說：「做完這案子我會記你一功。」

不如說：「這個專案對部門很重要，你的角色會影響整體的判斷，我信你處理得來。」

→回報重要，但真正讓人動力不止的，是「被信任的感覺」。

## 不被討厭的領導語言技巧：
## 說得清楚，又不讓人難受

想當一個被信任、不被討厭的主管，不能只是說得好聽，而是說得有力、清楚、有同理心。以下是五種常用但高效的領導語言設計：

### 1. 雙重框架語言：任務＋信任

「這件事的目標是 X，我知道你在 Y 方面很強，希望你能主導這一段。」

→表明任務需求，並同時傳達信任訊號。

### 2. 緩衝式糾正語言：先肯定，後建議

「你上次的簡報資料整理得很完整，我建議再多加點視覺化呈現，會更有力。」

→讓人願意接受指正而不防衛。

### 3. 自主選擇語言：不命令，但明確方向

「我們需要在週五前完成這兩個部分，你覺得先處理哪一塊比較順？」

→增加下屬的主動性與參與感。

### 4. 角色認同語言:強化身分感與責任感

「身為主辦窗口,我相信你能顧好流程,讓大家都放心。」

→提升對方對角色的自我價值認同。

### 5. 情緒同步語言:對話前先連結心情,再談任務

「我知道這週大家都很累,這份案子我們一起拉一下進度。」

→表達理解,降低情緒阻抗,營造溫度。

## 領導者最常犯的三種溝通錯誤

即使出發點良好,很多主管仍在溝通中踩雷,導致團隊失溫、士氣低落。以下是三種常見但必須避免的錯誤:

### 錯誤一:「以為溝通就是交代」

把指令講完,不代表溝通完成。你需要的是確認理解、激發共鳴、給予背景與意義。

### 錯誤二:「情緒用語凌駕理性語言」

例如:「你怎麼又出錯?」或「你到底有沒有在聽我講話?」

這些話會造成情緒封鎖,不但無法解決問題,還損害信任。

**錯誤三:「一次說太多,導致混亂」**

領導者應該精準傳達一件事,不要一次交代三件半、每件都不清楚。

否則下屬會出現「我不知道重點在哪」的焦慮。

## 向下領導的語言,是你魅力與影響力的起點

你說的每一句話,不只會被記住,更會被拿來「解讀你是什麼樣的主管」。

溝通就是領導的介面,而你如何使用語言,將決定下屬是否願意跟隨、是否主動超前、是否產生歸屬感與忠誠度。

請記住:最被尊敬的主管,不是最會命令的,而是最懂得「讓人願意為你做事」的人。

## 第四節　會議、報告與正式場合的社交心理技巧

### 為什麼你努力發言,卻沒被記住?

在職場的會議、簡報、高階報告等正式場合中,你的表現不僅代表個人能力,更是主管評估你潛力與信任值的關鍵依據。

許多人明明準備充足,卻在會議中出現這些情況:

- 發言時卡住、冷場、被打斷
- 說話內容沒錯,但無人回應
- 簡報結束後,主管只說「知道了」,沒有後續行動
- 表達時語氣僵硬、邏輯跳躍、眼神飄忽不定

這些不是你能力不足,而是你沒掌握正式場合下的社交心理節奏與語言設計邏輯。

職場裡,內容重要,呈現方式更重要;實力關鍵,讓人感受到你的專業才是入場門票。

## 正式場合社交的三大心理原則

在你踏進會議室之前,請先記住這三項關鍵社交原則:

**1. 場域定義效應:不同空間有不同說話標準**

同樣一句話,在辦公桌邊說、會議中說、主管面前說,接受度與影響力完全不同。你必須為正式場合切換「語言節奏」與「態度設計」,呈現更聚焦、清楚、有條理的專業感。

**2. 權力關係察覺效應:誰在場,就代表什麼需要被管理**

是同儕會議?跨部門會議?還是有高階主管參與?你必須調整回報方式、資料深度與語氣邏輯。記住:你不只是對內容負責,更對「會場的心理氛圍與層級期待」負責。

**3. 舞臺焦點效應:大家只記得你怎麼開場與結尾**

人的記憶慣性會讓他們特別記得你第一句說話的自信與態度,以及最後給出的結論或行動呼籲。這兩者,決定了你在場中的存在價值感。

## 會議與簡報場合的語言設計術

以下是四種經典語言框架,幫助你在各種正式情境中有效傳達內容:

### 1. PREP 架構：讓你的意見有理、有據、有說服力

PREP ＝ Point（重點）→ Reason（理由）→ Example（舉例）→ Point again（再次強調）

範例：

「我建議本月提案策略轉向社群推播（Point），因為目前轉換率在網站頁面偏低（Reason），而根據上月報告，粉專動態點擊率達 34％（Example）。所以我主張主力推播應轉移到社群廣告（Point again）。」

→適用於短時發言、表達立場、快速討論。

### 2. 三點結構法：讓你發言邏輯清楚、不跳躍

「我這邊的回應會分成三個部分：第一是進度報告、第二是遇到的瓶頸、第三是接下來的調整方案。」

→適用於會議簡報、主管問答、狀況說明。

### 3. 金字塔結構：先總結，再說明細節

「結論是：我們建議延後上線日期三週。主要原因有三個，接下來我一一說明……」

→適用於向高層簡報、重大事項提案、跨部門回報。

## 4. STAR 法則：說明工作成果或個人成就的萬用框架

STAR = Situation（情境）→ Task（任務）→ Action（行動）→ Result（結果）

→適用於升遷面談、自我介紹、績效報告。

## 正式場合的非語言影響力：
## 你的眼神與站姿也會說話

在正式場合中，不只說什麼重要，你「怎麼站、怎麼看、怎麼停頓」也會成為評價依據。

眼神接觸：

- 向聽眾掃視，平均看每個人 3 秒
- 不要盯死主管一人，也不要一直低頭看筆電

姿態控制：

- 雙腳站穩、重心不晃動
- 雙手可輕握筆、搭配手勢說明，但避免過度揮動

語氣節奏：

- 重點句慢說、語調下沉
- 結尾句停頓 3 秒，給人「這話有分量」的感覺

這些非語言線索會直接影響聽者對你專業度、自信度與領導力的判斷。

## 如何面對被挑戰、被打斷、被質疑的場景？

正式場合中，難免遇到反對意見與突如其來的質疑。這時候你的應對方式會直接影響你在場上的聲望與後續信任。

以下是三種常見狀況與應對策略：

**情境一：被打斷發言**

「我補充一下剛剛講的……」

→可先說：「這點確實重要，我想再延續我的部分，然後我們一起對焦一下。」

**情境二：對方質疑資料**

「這份數據有點問題吧？」

→回應方式：「這是根據上月的數據彙整，我再補一份完整的報表給您參考，感謝提醒。」

**情境三：你被點名回答但準備不足**

→回應方式：「我目前掌握的資訊到這裡，為求精準我會再查完補充信件回報。」

第四節　會議、報告與正式場合的社交心理技巧

這些回應的共同原則是：穩定語氣、感謝指正、回歸專業、主動承諾補強。

## 你在正式場合的表現，就是你在職場的名片

會議、簡報、提案、主管回報⋯⋯這些場合不只是你工作的延伸，更是你個人專業影響力的放大器。

會說，是基本；說得讓人想聽、能記住、願意採納，是你在職場發光的關鍵。

請記住：語言不是表演，而是立場的設計；報告不是交差，而是創造存在價值的場域。

# 第六章 職場社交學:與主管、同事、下屬如何互動?

# 第七章

## 衝突發生時，你的性格怎麼救你？

第七章　衝突發生時，你的性格怎麼救你？

# 第一節　衝突性格地圖：MBTI 對應的處理反應

### 衝突不是關係的終點，而是你性格的照妖鏡

每個人在人際關係中都會遇到衝突 —— 爭執、誤會、不滿、情緒翻湧⋯⋯但有趣的是：面對相同的情境，不同的人反應截然不同。

有些人選擇沉默，有些人會冷笑開火；有人冷靜找解方，有人則崩潰退場。這些反應，其實都與你「性格型態」深度相關。

MBTI 性格模型提供了一張有用的「衝突反應地圖」，幫助我們理解：每一種類型面對關係衝突時的直覺反應與心理傾向為何？又該如何調整，才能讓衝突變成轉機，而非終局？

### MBTI 與衝突處理傾向：你是哪一種反應者？

MBTI 的四個維度，分別對應到你在衝突中的心理傾向與行動模式：

## 1. E（外向）vs. I（內向）：回應節奏不同

◆ E 型傾向立即反應、主動釐清、喜歡「講開」來處理問題，但可能失言或太快下結論
◆ I 型偏向沉默處理、內在消化、需要時間理清感受，但常被誤解為冷處理或逃避

建議調整：

◆ E 型練習暫停與等待，讓空間與情緒沉澱
◆ I 型練習說出感受與需要，不讓誤會發酵

## 2. S（感覺）vs. N（直覺）：焦點放在不同層次

◆ S 型聚焦在當下事件細節：「你為什麼沒做那件事？」
◆ N 型聚焦在整體意義與潛在模式：「你是不是一直對我這樣？」

建議調整：

◆ S 型練習看見背後的情感與長期關係意涵
◆ N 型練習釐清事實與避免放大推論

### 3. T（思考）vs. F（情感）：反應重點大不同

- T 型重視邏輯、公平與原則，容易理性冷處理但忽略感受
- F 型重視情緒、關係與感受，容易情緒化但忽略條理

建議調整：

- T 型學會先接住情緒、再談理性
- F 型學會先穩定情緒、再進入溝通

### 4. J（判斷）vs. P（知覺）：面對衝突的進退節奏不同

- J 型想快速釐清、解決衝突、不喜歡拖延不確定
- P 型習慣逃避、拖延、觀察，常選擇「再看看」、「時間會解決」

建議調整：

- J 型學會容忍過程的混亂與不確定性
- P 型學會主動面對與設定結束點

## 六種常見性格衝突組合與對應解法

以下是職場與生活中最常見的六種性格組合對衝突的反應方式，並提供可行的對應策略：

## 第一節　衝突性格地圖：MBTI 對應的處理反應

**組合一：E（快反）＋I（慢回）**

衝突情境：E 覺得 I 冷淡、拖延；I 覺得 E 壓迫、侵略。

解法：E 型主動詢問「你需要多久整理思緒？」；I 型預告「我晚點會再找你談這件事」。

**組合二：T（理性）＋F（情緒）**

衝突情境：T 覺得 F 太敏感；F 覺得 T 太無情。

解法：T 型學會說「我理解你現在有情緒」後再講邏輯；F 型可說「我需要你理解我的感受，但我們可以一起找方法」。

**組合三：J（結論）＋P（拖延）**

衝突情境：J 想馬上決定解法；P 需要空間釐清自己。

解法：J 型可以說「我希望三天內有結論，我們可以分段處理」，P 型則要勇敢承諾「我會在週五前回覆你」。

**組合四：S（現實）＋N（抽象）**

衝突情境：S 覺得 N 在模糊逃避重點；N 覺得 S 只會盯細節忽略核心。

解法：S 型先聽 N 型談感受，再請對方指出一項具體行動；N 型要練習說出具體事實與所需回應。

### 第七章　衝突發生時，你的性格怎麼救你？

**組合五：E＋F vs. I＋T**

衝突情境：E＋F想談感覺、要回應；I＋T覺得這沒必要、不知怎說。

解法：E＋F要給對方時間空間，I＋T至少要表達「我願意處理，只是我需要一點時間」。

**組合六：雙P組合（逃避＋拖延）**

衝突情境：雙方都不談、不面對，誤會持續升溫。

解法：設立對話儀式，例如：預約討論時間、以訊息先暖身、用第三人轉述開場。

## 衝突反應背後的「性格防衛機制」

很多衝突其實不是你不願意處理，而是你的性格傾向在保護你內在的自我需求：

- ◆ I型怕自己表達不好，被誤解
- ◆ T型怕一談情緒就沒邏輯
- ◆ F型怕情緒一說就失控
- ◆ P型怕面對現實後沒有退路
- ◆ J型怕拖太久會混亂局面

當你理解這些性格背後的防衛機制時，你就能更寬容面對自己的衝突反應，也能更精準理解他人的反常行為：那是他在保護他自己。

> 你如何處理衝突，
> 就是你能否成為高階社交者的試金石

你的人際魅力，不是在和諧時期建立的，而是在衝突中是否能看懂人性、調整自己、對話而非對抗所建立的。

MBTI 提供的不只是「認識自我」，更是「理解他人」的心理地圖。當你知道每個人在衝突中都只是性格在求生，就能少一點指責、多一點理解，少一點防衛、多一點轉化。

## 第二節　面對指責、攻擊與冷戰的心理應對術

### 為什麼你總是在爭吵後心累，卻什麼也沒改變？

在職場、親密關係或社交圈中，衝突幾乎不可避免。但真正耗人的，往往不是事件本身，而是處理衝突的方式與語

## 第七章　衝突發生時，你的性格怎麼救你？

言，讓人彼此心防越築越高，甚至情感徹底斷裂。

你也許遇過這些場景：

- 明明只是意見不同，對方卻情緒化攻擊
- 被指責時啞口無言，事後越想越委屈
- 冷戰一開始就無法下臺階，雙方都像困在情緒監牢
- 想溝通，卻每次都變成針鋒相對或自我防衛

這不是你太弱，而是缺乏有效的心理對應策略與語言設計。而當我們能掌握對方的攻擊邏輯、理解自己的反應機制，就能跳脫情緒困局，甚至扭轉衝突為關係加分的轉機。

### 三種高壓人際情境剖析：指責、攻擊與冷戰的心理邏輯

#### 1. 被指責時：其實對方在保護自己

指責的語言背後，常藏著無力、挫折或焦慮。例如：「你都不回訊息！」其實是在說：「我感覺被忽略了。」

心理邏輯：對方無法正確表達需求，只能透過指責「讓你注意到我」。

反應建議：先回應情緒，再處理內容。

說法範例：「我覺得你現在有點煩躁，可能是我讓你不舒

服了，我想知道具體是哪個地方？」

→當對方感覺到你願意理解，他的攻擊欲望自然下降。

## 2. 被攻擊時：對方進入「自我防衛暴衝」模式

例如：「你根本不會做事！」、「都是你害的！」這些話語來得突然、刺耳，令人難以招架。事實上，這多半來自對方對無力或焦慮的投射。

心理邏輯：當人感覺控制權喪失時，最常用的方式就是指控他人來爭回主動權。

反應建議：不要馬上回擊，而是建立語言緩衝。

說法範例：「你這樣說我會有點受傷，但我知道你不是故意要傷人。我們能不能一起釐清你真正想解決的問題是什麼？」

→你穩定情緒，才能穩住局面。

## 3. 陷入冷戰時：其實彼此都在等對方認錯

冷戰不是不在乎，而是過度在乎卻不知道怎麼開始對話。多數人在冷戰中，不是沒情緒，而是怕一開口就輸了。

心理邏輯：沉默＝保護自尊＋避免再次傷害

反應建議：不要用「你怎麼都不說話？」刺激對方，而是用非語言或軟性語句示意開場。

說法範例：「我一直在想該怎麼開口講這件事，因為我很

第七章　衝突發生時，你的性格怎麼救你？

在乎你怎麼看。」或「我們之間這樣沉默，我也不舒服，可是我願意先試著談。」

→開場語不是道歉，而是情緒移情與尊重，會比認錯更有效。

## 面對衝突時的五大語言反制技巧

在不想傷人又不願當受害者的情況下，學會「以非攻擊性的方式回擊」是一種高階社交能力。

以下是五種心理上能轉化情緒場域的語言技巧：

### 1. 情緒命名法

「我感覺你有點生氣／不耐／難過。」

→幫對方情緒命名，會讓他意識到自己狀態，降低情緒自我強化

### 2. 切換敘事觀點

「如果這件事是別人遇到，你覺得會怎麼處理？」

→將對方拉出受害視角，促進反思與降溫

### 3. 翻轉提問法

「你希望我怎麼做，才會讓你覺得比較被理解？」

→把情緒變具體行動，促進合作感

### 4. 動作承諾轉移法

「我聽見你不滿,我會先整理一下狀況,我們再談談?」

→承諾讓對方感覺有進展,不會陷入失控感

### 5. 情緒共存語言

「我知道你也很難過,我也一樣。也許我們都不是故意的,但現在最重要的是我們想怎麼面對。」

→讓情緒被接納,而非被批判或否認

## 「被攻擊的人」的三種常見錯誤

### 1. 急著解釋＝推高對方情緒

對方想被理解,而你拚命解釋,只會讓他覺得你在合理化錯誤。

→先移情,再說理

### 2. 選擇沉默＝激化對方猜測

你以為「冷靜不說話」是穩重,但對方可能會覺得你在無視、看不起、冷處理。

→說明你的沉默:「我正在整理自己,不是逃避」

### 3. 忍耐到底＝關係漸凍

一再壓抑只會讓情緒悄悄轉為距離與退縮，關係會在沒爆炸的情況下悄悄崩解。

→停損與表達一樣重要

## 每一次衝突，都是你社交力升級的練習場

你無法控制別人怎麼說話、怎麼發脾氣，但你可以決定你要如何回應、引導、解構衝突，並保住彼此的關係溫度與尊嚴。

真正成熟的人際關係，不是從來沒爭執，而是即使爭執，也知道如何走出來、靠近彼此、找到共同語言。

## 第三節　社交「冷處理」與「熱對話」的時機點

> 面對衝突時，不是「有話就要說」，
> 而是「選對時機說」

你是否曾經在一段衝突關係裡，明明是想解釋或和好，卻越說越糟？對方情緒升高，你則感到挫折、無力，甚至懷

第三節　社交「冷處理」與「熱對話」的時機點

疑：「難道這段關係救不回來了？」

其實問題往往不在「說了什麼」，而在你「什麼時候」說。

這裡有一個關鍵概念叫「對話時機敏感性」。它指出：不同情緒狀態下的對話，會引發截然不同的理解、反應與結果。

懂得選擇「冷處理」與「熱對話」的正確時機，正是決定你能否解決衝突、重建關係的關鍵。

## 「冷處理」不是冷漠，而是戰略性沉澱

所謂冷處理，不是擺爛、逃避或冷暴力，而是暫時抽離情緒風暴場域，讓彼此的理性重新啟動，才能進入有效對話。

適合冷處理的情境包含：

- 對方處於高張情緒狀態：怒火中燒、聲音顫抖、語言激烈時，再多溝通只會加深對立。
- 你自己內心混亂，無法表達清楚：過於激動時說出口的話，往往不是解釋，而是傷害。
- 雙方進入話語無限輪迴：「我不是那個意思」、「你就是這樣！」這種循環中，任何話都是無效訊息。
- 現場有其他人在場，不適合深談：避免將個人情緒公開化，讓局面失控。

## 第七章　衝突發生時，你的性格怎麼救你？

有效冷處理的方式包括：

◆ 明確告知而非直接消失：「我現在情緒有點亂，我想我們都需要冷靜一下，我們可以晚點再談嗎？」
◆ 設定回應時間：「我們都需要沉澱一下，我明晚會再找你，我真的想處理這件事。」
◆ 使用中性語言退場：「這話題我們可能太激動了，我建議先停一下。」

冷處理的目的不是拖延，而是為對話創造更佳心理空間。

### 「熱對話」的精準切入點：情緒軟化後的三種跡象

不是所有沉默都是冷戰，也不是每個沉澱後都能順利對話。你需要觀察對方與自己的狀態，選對「重啟對話」的時機。

以下是三種可以開啟熱對話的心理跡象：

#### 跡象一：肢體與語氣明顯放鬆

對方從緊張防衛（交叉手臂、瞪視、語速加快）轉為眼神平穩、聲調變緩時，表示情緒能量已從戰鬥模式進入平靜狀態。

適合說法：「我現在講話比較清楚了，不知道你願不願意也說說你那時候的感覺？」

### 跡象二：對方出現間接互動（關心、回訊、主動小事互動）

雖然沒直接道歉或開口，但主動回應訊息、幫忙處理事務，這些都是「關係仍在」的訊號。

適合說法：「謝謝你幫我補交報表，我想我們那天的事可以再談談，我真的想理解你的感受。」

### 跡象三：對方願意進行第三方中介溝通

主動與你們共同信任的人溝通，或對中立觀察者吐露心聲，表示他願意解套，但不想冒險直接出面。

適合策略：透過這位第三者傳遞「我願意談」、「我們都有責任」、「我不打算責怪你」這三個核心訊號。

## 時機選對了，對話才會進入「情緒減敏期」

你可以想像對話過程就像進入一座溫泉：一開始水太燙會燙傷你，但等溫度適當，就會放鬆筋骨。

心理學中有一個「情緒減敏階段」，就是從「我在氣你」轉為「我願意聽你」的過渡時期。這時的語言要特別注意以下幾點：

- ◆ 少用責問語句，多用感受表達：「你怎麼可以？」改為「我那時真的覺得被忽視」
- ◆ 回顧當下感受，不重啟戰火：「我們那時都太激動了，不是誰對誰錯，而是太急著被理解」

## 第七章　衝突發生時，你的性格怎麼救你？

- 多用「我」開頭的句子：「我那時擔心我們關係會變得很差，所以反應太大」
- 適度感謝：「我知道你願意談不容易，謝謝你給我這個機會」

### 不同性格適合的時機節奏建議

E型（外向）：請你先忍一忍，不要急著講開，對方還在喘。

I型（內向）：請你勇敢說出：「我願意談」，不要等對方開口。

T型（思考）：請你先處理情緒，再談邏輯，別讓人覺得你在講理時冷血。

F型（情感）：請你先穩住感受，再談關係，別因為委屈而失控。

J型（判斷）：別太急著給結論，先確認對方準備好了沒。

P型（知覺）：別總拖著不面對，沉澱不等於沉沒。

### 真正成熟的對話，是知道什麼時候該靜，什麼時候該開口

在關係修復裡，沉默是智慧，說話是藝術。你越能掌握情緒的節奏、理解對方的心理能量、尊重對話的時機，你就

越有可能在衝突後建立更深的信任。

請記住：和好不是一句話，而是一場選對時機的心理鋪陳。

## 第四節　如何挽救一段瀕臨崩裂的人際關係？

> 不是不愛、不在乎，
> 而是「我們怎麼了」無人敢問

在衝突過後，有些關係並非瞬間瓦解，而是慢慢冷卻、慢慢疏離、最後無聲崩塌。

這一節我們要談的不是激烈爭執，而是那些「曾經很親密、現在很尷尬」的關係，那些你覺得「還在乎，但不知從何挽回」的情境。

可能是：

- ◆ 曾經無話不談的朋友，如今形同陌路
- ◆ 曾經互相欣賞的同事，現在變得避而不談
- ◆ 曾經親密的伴侶，如今眼神都不交會

## 第七章　衝突發生時，你的性格怎麼救你？

這些關係崩裂的真正原因，往往不是某一次吵架，而是長期的不理解、無對話與累積的誤解。

好消息是：這些關係，是可以救回來的。

### 關係修復的三個心理階段：從結冰到重新連結

關係修補不是道歉就能解決的，它是一段心理修復的歷程，包含三個階段：

**第一階段：冰層剝離（De-icing）**

此階段的目標是「讓對方知道你仍在意這段關係，並願意修復」，而不是討論誰對誰錯。

建議行動：

- 傳遞一封不責備、不解釋的訊息，例如：「我們之間有點距離了，我很在乎這段關係，也許我們都累了，但我還是希望有一天能聊聊。」
- 非語言互動：輕聲問候、轉發一則對方會感興趣的文章、寄一張簡單的節日卡片。
- 這些都是一種信號：「我還在，你願不願意慢慢靠近？」

## 第二階段：情緒對接

目的是建立一個安全、溫和的對話空間，彼此可以說出真正的情緒需求，而不是防衛與責怪。

實用語言：

- 「我不是來爭辯，我是想讓我們彼此聽見對方」
- 「這段時間我想了很多，也許我有些地方做得不夠好，但我希望你願意讓我理解你」

這階段的關鍵：說出情緒，不談是非；傳遞理解，不強迫原諒。

## 第三階段：關係重新建構

當情緒能被接住，對話重新啟動，才能進入「我們接下來要怎麼走下去？」的重建階段。

做法包含：

- 共同回顧彼此需求
- 設定新的溝通方式（例：每週一次主動更新、彼此保留尊重空間）
- 給予明確承諾：「我會在哪裡做出改變」

這不是回到過去，而是建立新的共識與合作模式。

## 第七章　衝突發生時，你的性格怎麼救你？

### 修補一段關係的五種高效行動策略

**1. 給出「可承受的主動」**

你不需要一次做太多，只需要給出一個「不侵犯但有溫度」的行動。

如：生日和重要日子傳訊息、主動轉傳有意義的文章。

這些小動作讓對方知道：「你還在關心我，但不急著逼近我。」

**2. 使用「自我責任語言」開場**

與其說：「你變了」，不如說：「我最近一直在反思，我有沒有哪裡讓你覺得不被在乎？」

→自我揭露能降低防備感，讓對方願意重新開門。

**3. 用「我們語言」代替「你怎樣我怎樣」**

例句：

- 「我們之間好像卡住了，我們要怎麼重新協調？」
- 「我們之間的互動，我一直很懷念，也許我們可以重新開始。」

→關係是雙人舞，別讓語言變成單方面指責。

## 4. 確認價值仍在

關係會延續的前提，是雙方都認為「這段關係值得救」。

說法範例：

- 「我們曾經那樣互相信任，那些對我來說很珍貴。」
- 「即使我們不同了，我還是很重視你這個人。」

→一段被認定有價值的關係，才有修復的動能。

## 5. 允許改變，不強求恢復原狀

修補關係，不是「回到過去」，而是「共創新的連結」。

你可以說：「我不期待一切都跟以前一樣，但我希望我們能找到新的相處方式。」

→開放的態度，能讓對方更容易放下成見與恐懼。

### 挽救失衡關係的三種常見迷思

### 1. 太快道歉，希望立刻解決

→對方可能還沒準備好接住你的誠意，會覺得你在逃避問題。

建議：先表達在意與傾聽，而非急著求原諒。

2. **強行解釋，企圖翻案**

    →你再怎麼合理，也改變不了對方「當時受傷」的情緒。

    建議：處理感受，再處理邏輯。

3. **用過度補償換取原諒**

    →拚命送禮、示好，只會讓對方覺得你在補償而非誠懇

    建議：尊重對方修復節奏，不強求立刻接受。

> 一段關係真正結束，不是因為傷害，
> 而是因為不願挽回

我們都會傷人，也都會被傷。但真正區分出成熟與幼稚的，不是有沒有衝突，而是你是否有能力說「我們還可以談一談」的那份勇氣。

關係修復，不是一場道歉馬拉松，而是一次信任重建計畫。當你願意多走一步，對方可能也正在等你伸出這隻手。

# 第八章
# 你的性格適合怎樣的社交節奏？

第八章　你的性格適合怎樣的社交節奏？

## 第一節　外向≠社交高手，內向者也能出奇制勝

### 外向者就一定比較會社交嗎？

在社交場合中，我們經常將「健談、開朗、擅長寒暄」與「外向」劃上等號，認為他們天生就是人際高手。相對地，「內向」常被貼上「不合群、慢熱、不善表達」的標籤。

然而，真正的人際吸引力，從來不是靠聲量，而是靠能量的精準對接與心理頻率的同步。心理學研究早已證實，外向者與內向者在人際互動中展現的優勢完全不同，各有其獨特策略與勝場。

也就是說：外向者不一定會社交，內向者也完全能在對的節奏下贏得人心。

### MBTI 性格模型中的外向與內向，不只是熱不熱情

根據 MBTI 性格分類，E（Extraversion）與 I（Introversion）反映的其實是心理能量的主要來源：

- E 型人格（外向者）：從外界互動中獲得能量，偏好動態環境、即時反應、多人互動。
- I 型人格（內向者）：從內在思考中獲得能量，偏好安靜空間、深度對話、單點連結。

這代表什麼？

外向者不是一定能說善道，也不等於擅長處理複雜人際；內向者也不是不擅交際，而是他們偏好不同的人際策略與節奏。

## 外向者常見的社交優勢與隱藏風險

### 優勢一：容易開場，不怕陌生

E 型者傾向主動互動，有能力快速打開場子，減少冷場尷尬。

他們擅長寒暄、快速捕捉氣氛，也懂得抓住對方的「社交頻道」。

### 優勢二：多點布局，擴張快速

外向者傾向建立廣泛連結，不排斥參與活動、加入群體，容易擴展人脈與資訊網絡。

## 第八章　你的性格適合怎樣的社交節奏？

**風險一：關係淺而多，難深耕**

由於重視動態與連結，E型者常容易流於表層交流，忽略關係的持續經營。

**風險二：能量耗損不自知**

外向者雖然看似在社交中如魚得水，但如果過度參與、應酬過多，也容易出現「社交過載症候群」——回家後極度疲累、對人際突然冷感。

## 內向者的社交強項與潛在困境

**優勢一：深度對話與高同理力**

I型者傾向在少數幾段關係中投注更多情感與注意力。他們不急著說話，而是在傾聽與觀察後給出精準反應，讓人感到「被理解」。

**優勢二：預期準確與情境敏感**

由於習慣思考與內省，內向者在社交場合中通常能提早覺察他人情緒、局勢變化，是策略性社交的好手。

**困境一：開場障礙，錯失機會**

內向者最常見的阻礙是「不知道怎麼開口」，導致在聚會、會議、社交活動中錯失許多潛在關係起點。

第一節　外向≠社交高手，內向者也能出奇制勝

**困境二：社交耗能高，容易提早退場**

每一場互動都需耗費大量心理資源，若沒有適時補充安靜獨處時間，容易出現社交倦怠、逃避與封閉傾向。

## 內向者也能出奇制勝的四種社交策略

### 1. 設計「預設場景」語言腳本

內向者不擅即興，建議提前準備幾個社交開場白與接話句式，如：「你對這場講座怎麼看？」、「我對這主題有點興趣但還不太熟，你怎麼看？」

→預先設定語境，有助於在現場減少焦慮。

### 2. 發揮「雙人對話」的深度優勢

與其在一群人中硬撐，不如鎖定一到兩位互動對象，透過一對一交流建立高品質連結。這類互動往往更容易留下長期印象。

### 3. 善用「書面社交」延伸影響力

I 型者更擅長書面表達，可以透過簡訊、Email、社群貼文等方式維繫關係，建立知識性或思維導向的影響力圈層。

### 4. 建立「社交復原」儀式

每一次大型社交活動後，安排一段獨處時光來修復心理能量，比如靜心、閱讀、散步等，避免社交累積成壓力源。

## 第八章　你的性格適合怎樣的社交節奏？

### 找到屬於你的社交節奏,而非迎合主流模板

外向者不一定要參加每一場聚會,內向者也不需要永遠宅在角落。真正的高效社交,不在參與數量,而在每次互動能否發揮你的性格優勢。

若你是外向者,請練習「深交」與「慢頻」的社交模式,讓連結更有溫度;若你是內向者,請練習「自我開場」與「可預測互動」,降低焦慮與壓力。

你不必成為別人理想的樣子,只要找到一種你能自在、他人也能靠近的節奏,你就能成為最有磁力的自己。

別再讓世界告訴你什麼叫「擅長社交」。真正重要的是:你能否掌握自己的心理節奏,並在這個節奏裡選擇屬於你的交往方式。

世界不缺喧鬧,而缺真正讓人安心靠近的存在。

## 第二節　MBTI 與交友策略：屬於你的社交環境設計

### 社交不是「會不會」，而是「適不適合」

每個人都希望在人際互動中被喜歡、被認可,也都希望能擴展關係圈。但很多人在努力社交的過程中,反而感到越來越累、越來越空虛,最後甚至懷疑自己是不是「不適合交朋友」。

事實上,這不是你不夠努力,而是你用了不適合自己性格的交友方式。

心理學家卡爾・榮格提出的 MBTI 模型,正是一把幫助我們設計「最適合自己社交節奏」的鑰匙。它讓我們不再將交友當作一場「迎合他人的比賽」,而是一場「與自己合作的關係設計」。

### 用 MBTI 看見自己交友的「心理偏好」

MBTI 的四組性格維度,揭示了你在交朋友時的核心習慣、喜好與應對策略：

## 第八章　你的性格適合怎樣的社交節奏？

### 1. E（外向）vs. I（內向）

- ◆ E 型：偏好與多人互動、活動型社交、能量來自外部刺激
- ◆ I 型：偏好小圈交流、深度對談、需要獨處來回充電

E 型適合參與社團、聚會、開放性社交場合；I 型適合一對一約聊、線上互動、小型主題活動。

### 2. S（感覺）vs. N（直覺）

- ◆ S 型：偏好具體細節、實用話題、現實生活中的共鳴
- ◆ N 型：偏好抽象想法、創意思考、話題跳躍與洞察交流

S 型適合興趣導向或目標導向的社交情境，如學習團體、共學社群；N 型適合哲學討論、腦力激盪、書籍聚會或創作社群。

### 3. T（思考）vs. F（情感）

- ◆ T 型：偏好理性對話、有邏輯的互動、不喜歡情緒化交流
- ◆ F 型：偏好情感分享、有共鳴、有照顧感的互動方式

T 型適合辯論型、任務導向、策略型社交；F 型適合移情型、人際支持圈、生命故事分享活動。

## 4. J（判斷）vs. P（知覺）

◆ J型：偏好計畫清楚、固定流程、結構穩定的社交場合
◆ P型：偏好彈性行動、自由節奏、即興互動的社交情境

J型適合有時間表、角色分配清楚的社交，例如志工團隊、專案合作；P型適合開放性活動，如讀書會、即興聚會、音樂沙龍。

## 為自己設計一個「心理適配型社交環境」

與其硬著頭皮參加讓你焦慮的場合，不如主動為自己設計適合自己的社交場域。以下是依 MBTI 四維度的環境設計建議：

**E型設計原則：互動量多，主動性高**

◆ 選擇能說話、能交流的場合：例會、聯誼、市集、社群活動
◆ 營造能即時收到反饋的社交流程，例如快速配對聊天、共創挑戰賽
◆ 活動後加入社群延續互動熱度，避免單次即斷

## 第八章　你的性格適合怎樣的社交節奏？

### I 型設計原則：環境安靜，互動深度高

- 選擇能一對一談話、不需輪番上場的聚會，如咖啡分享、共筆聚會
- 先從線上建立熟悉感，再轉為線下見面
- 限定互動時間與範圍，如：「這場活動我只參加前半段」

### S 型設計原則：具體有感，話題實用

- 選擇有明確主題或成果目標的聚會，如工作坊、共學課程
- 避免話題太空泛，提供操作型、實用型對談切入點
- 社交互動中加入「任務元素」，會讓你更自在

### N 型設計原則：開放探索，創意為王

- 選擇不設限的聊天型聚會、讀書會或創意市集
- 話題範圍從哲學、心理學、未來趨勢到夢境解讀都可以
- 用「腦洞交流」開場，比用「你是做什麼的」更容易建立連結

### T 型設計原則：對話有效率，互動有深度

- 選擇任務導向、思辨型或策略型聚會
- 可以用邏輯或專業內容切入話題，例如：「我最近在研究×××，不知道你怎麼看？」
- 避免過多情感交流與小圈圈文化

## F 型設計原則：溫暖場景，情緒有出口

◆ 選擇能分享故事、彼此照顧的社交場域，如心靈小組、藝術交流會
◆ 主動關心與照顧，會讓你成為人際磁鐵
◆ 創造「我們的故事」感，是你打開關係的鑰匙

## J 型設計原則：流程清楚，有秩序感

◆ 預先了解活動流程與規則，安心感會提高出席率
◆ 喜歡有固定節奏與角色的互動，如主持人、主講人、組長角色
◆ 避免無限延長的閒聊時段，設定明確結束點會讓你更舒適

## P 型設計原則：自由探索，不要太拘束

◆ 選擇彈性聚會、流動式交流場，如快閃活動、藝術市集、桌遊派對
◆ 不要強迫自己提早發言，先觀察再融入也很好
◆ 容許自己隨時退場與切換，是你保護能量的社交節奏關鍵

## 第八章 你的性格適合怎樣的社交節奏？

### 實例解析：幫不同 MBTI 性格配對最適社交場域

| MBTI 類型 | 適配社交環境 | 不適社交環境 |
| --- | --- | --- |
| ENFP | 多元主題讀書會、即興創作沙龍 | 一板一眼的正式聚會 |
| ISTJ | 公益專案團隊、流程明確的實作活動 | 開放聊天型聚會 |
| INFJ | 心理成長小組、深度討論讀書會 | 群體動態熱絡場 |
| ESTP | 快速互動派對、創業交流會 | 沉靜冗長的會議型活動 |

重點不在改變自己,而是擺對位置,就能發光。

### 你的交友方式應該是你性格的延伸,而非反抗

你不用逼自己變得更像誰,也不用總是挑戰社交極限。適配性格的交友策略,才會讓你在人際中自在、穩定又有深度。

別羨慕那些一開口就能搞定全場的人,也別否定自己慢熱的節奏。你不是社交慢半拍,你只是有自己節奏的鼓點,而那樣的節奏,最終會吸引同頻共振的人靠近。

## 第三節　社交倦怠的成因與修復技巧

### 為什麼社交會讓人精疲力竭？

在現代社會中，我們無法逃離社交。從辦公室的晨會，到朋友聚會，再到社群媒體上的私訊與互動，看似日常，其實是一場又一場精密的心理輸出。

越來越多人感到一種難以言喻的疲憊：不是因為說太多話，而是每次互動都像在演出，不敢做自己，又不能完全退出。

這樣的情況，在心理學上被稱為社交倦怠。它是一種因人際互動頻率過高，或互動品質長期失衡所導致的情緒枯竭與心理抗拒。

社交倦怠不是懶惰，不是逃避，而是一種真實存在的心理反應，需要理解、辨識與修復。

### 社交倦怠的三大心理成因

**1. 過度輸出，能量無處補充**

每一次社交都是一種心理能量的耗損，尤其對於內向者或高敏感特質的人而言，更是明顯。當互動的強度與頻率遠

## 第八章　你的性格適合怎樣的社交節奏？

超過恢復能力時,便會產生持續性疲憊。

若你長期處在「給予」的角色中,例如傾聽者、主辦人、協調者,那麼倦怠感將更容易出現。

跡象包括:

- ◆ 聚會後極度疲憊,甚至對人際完全冷感
- ◆ 接到訊息會本能性焦慮或想逃避
- ◆ 即使有時間也不願出門或見人

### 2. 角色扮演過度,失去自我一致性

當我們在社交中過於迎合他人,扮演「開心果」、「氣氛王」、「理性好人」等角色,久而久之便會出現心理落差與自我耗損。這是自我偽裝壓力所導致的倦怠型人格崩解現象。

心理學研究指出:自我一致性是維持心理穩定的核心因子。當你長期無法在互動中表現真實感受,就會對社交產生防衛與排斥。

跡象包括:

- ◆ 在人群中表現正常,回到家卻心情低落
- ◆ 覺得沒人真正理解你
- ◆ 對自己的人際表現感到空虛或不真實

### 3. 人際報酬失衡，付出無對等接收

社交若無情緒交換與價值回饋，長期下來便會出現「社交投資落空」的心理挫折感。當你總是傾聽他人，卻從未被傾聽；總是協助他人，卻從未被記得，那麼即使外表熱絡，內在也會逐漸關閉連結的動機。

這類倦怠源於人際失衡的心理經濟學效應。

跡象包括：

◆ 覺得維繫關係是「責任」不是「選擇」
◆ 時常質疑這些關係是否值得經營
◆ 被既有的人際期待壓得喘不過氣

## 社交倦怠的性格對應模式

根據 MBTI 性格模型，不同性格對於社交倦怠的觸發點與反應方式也有所不同：

◆ E 型（外向者）：在過度社交後反而出現興趣缺乏、空虛與人際空洞感，倦怠多來自「無法深耕」與「自我疏離感」。
◆ I 型（內向者）：因被迫參與過多活動、強迫自己迎合社交節奏，導致心理崩潰與社交恐懼。

## 第八章　你的性格適合怎樣的社交節奏？

- F 型（情感型）：長期處於照顧他人、情緒勞務輸出者角色，內耗極大卻難以開口求助。
- T 型（理性型）：與人互動若無實質意義或目標回報，會迅速冷感與斷聯，甚至對整體人際產生否定。

關鍵不是逃避人際，而是找回適合自己的互動方式與節奏安排。

### 修復社交倦怠的四步驟重建計畫

**第一步：暫時斷連，重設心理能量配額**

不要害怕短暫地「消失」。你可以給出誠懇且簡短的通知，例如「我最近在整理自己的生活節奏，會暫時靜一陣子」或「最近比較少在線，是想讓自己沉澱一下」。

記住：暫離不是自私，而是一種心理自救。沒有好狀態的你，也給不了別人好的關係。

**第二步：自我傾聽，辨認你真正渴望的互動型態**

寫下你最近十次社交活動的感受，並備注你覺得舒服與不舒服的原因。例如：

- 聚會 A：話題表面，無法深入，回家後很疲憊
- 會議 B：雖然緊湊，但有成就感，精神反而好

◆ 約會 C：能坦白自己，不需強撐，很自在

從中你會發現：不是社交讓你累，是「不得已的人際節奏」讓你失控。

### 第三步：重設人際邊界，恢復主動權

請學會說「不」，特別是對於那些讓你感到內耗的人際連結。你可以這麼說：

◆ 「我最近在練習讓生活慢下來，會減少一些活動，感謝理解」
◆ 「這週我想保留給自己休息，先不參加這次聚會」

重新拿回節奏設定權，會讓你對人際關係有更多信心與空間。

### 第四步：建立「能量補給型」社交節奏

這不是完全斷掉社交，而是回歸「精準社交」的設計。包括：

◆ 限時互動：例如一場聚會只參加前半段
◆ 主題社交：有共同目標與結構，如共學、專案
◆ 能量匹配：只選擇讓你感到舒服、能做自己的人互動

第八章　你的性格適合怎樣的社交節奏？

這些設計不會讓你與世界斷連，反而會建立更真實、更穩定的人際支持網。

### 懂得暫停，是為了更有力地前行

社交的本質應該是滋養，不該是消耗。若你發現自己對人越來越冷感，不要責怪自己變得孤僻，而是試著問一句：「我是不是用了錯的方法在維持關係？」

修復社交倦怠，不是拋棄人際，而是回到自己。當你再次從自己出發去選擇關係時，你就會發現，最有價值的人際連結，永遠不是最多人，而是最懂你的人。

## 第四節　成為讓人舒服的存在：人格與互動節奏的協調法

### 什麼叫做「讓人舒服」？

你一定有這樣的經驗：和某些人在一起時，總覺得自在放鬆，不需特別努力，就能自然地做自己。他們不一定特別健談，也不一定風趣幽默，但就是讓人想靠近、願意說話，

第四節　成為讓人舒服的存在：人格與互動節奏的協調法

甚至願意長久相處。

這種人，就是所謂的「讓人舒服的存在」。這樣的社交魅力，不來自話術，也不來自外表，而是一種來自人格與互動節奏協調的心理安全感。也就是說，一個人能否與他人建立長期良好關係，取決於他是否具備穩定、協調、可預測又不壓迫的互動特質。

## 五種常見讓人「不舒服」的互動模式

在成為「讓人舒服的人」之前，我們先來辨認幾種社交中常見但容易被忽略的「不舒服互動型」：

**1. 情緒壓迫型：你永遠要配合我現在的情緒**

如：「我都這麼難過了，你還能這麼冷靜」或「你怎麼這時候講這種話」，特點是把個人情緒變成他人義務，讓人無所適從。

**2. 過度自揭型：初見面就倒出全部人生故事**

雖然表面誠懇，但會讓人感到心理負擔過重，失去關係建立的節奏感。

**3. 主導控制型：永遠要主導話題、安排流程**

如：總在對話中打斷他人、替對方決定聚會時間地點，讓人感到無空間可呼吸。

### 4. 過度觀望型：全程應對模糊、不表達想法

如：總說「都可以」、「沒差」、「你決定」，會讓對方感覺被推責或互動疲乏。

### 5. 焦慮投射型：時常懷疑對方、不停確認關係

如：反覆問「你是不是不想理我」、「是不是我說錯什麼」，讓互動變得有壓力。

這些模式多數來自內在不安，非惡意。但若無自我覺察，便會形成隱性耗能型互動人格，讓人際逐漸疏遠。

## 成為讓人舒服的存在，來自這四種人格特質

### 1. 情緒平穩：你不是情緒製造機，而是穩定場域的共伴者

人們喜歡與情緒不劇烈波動、不會瞬間翻臉、能自我調節的人相處。這樣的人，即使不多話，也能成為群體裡的心理定錨。

練習方法：

- 衝突發生時先暫停一分鐘再回應
- 把「我理解」放在回應開頭，而不是馬上批評或否定
- 常用句：「我知道你這樣想有道理，我也想跟你一起想辦法處理。」

## 2. 同理而不強迫：你能理解我，但不壓迫我接受你的想法

很多人誤以為「懂你」就能改變你，於是用同理當作說服的前戲，這其實讓人很反感。

真正讓人舒服的，是理解而不壓迫，陪伴而不操控。

練習方法：

- ◆ 把「你可以試試這樣」換成「你覺得這樣會不會比較合你」
- ◆ 當對方分享情緒時，避免馬上給建議，先說「這件事對你來說一定不容易」

## 3. 有節奏的互動：不黏不躲，不催不逃

這是最難也是最關鍵的一點。所謂節奏，是指你知道什麼時候該靠近，什麼時候該退一步，什麼時候該沉默，什麼時候該問候。

能做到這樣的人，會讓人感到安心又自在，互動既有餘溫，也有空間。

練習方法：

- ◆ 聚會後，不馬上傳訊息給對方，而是給予一天空間再說「今天見面很開心」
- ◆ 若對方已讀不回，耐心等待，不強逼回應

## 第八章　你的性格適合怎樣的社交節奏？

- 若感覺對方情緒低落，可說「我在，有需要再告訴我就好」

### 4. 情境適配感：你能自我調節互動方式，而非一套公式走天下

懂得看場合調整互動方式，是高段社交者的必備能力。讓人舒服的人，不是「有一種風格走到底」，而是能根據對象、情境、關係層次選擇合適的互動語氣與方式。

練習方法：

- 在職場中使用任務導向語言：「這件事我們怎麼分工最順？」
- 在朋友中使用移情語言：「這個週末你過得還好嗎？」
- 在親密關係中使用確認語言：「我做這樣你會感覺安心嗎？」

## 社交節奏設計：打造屬於你的人際互動模式

若你是外向者（E），請刻意設計「沉靜區段」，例如週末僅參加一場社交活動，保留一整晚給自己；

若你是內向者（I），請建立「可控互動場域」，如固定小組讀書會或主題聚會，不須臨場應變即可互動。

第四節　成為讓人舒服的存在：人格與互動節奏的協調法

　　若你是情感型（F），請為自己設下「情緒輸出上限」，每天只接一個傾聽型對話，不勉強自己成為別人的垃圾桶；

　　若你是思考型（T），請建立「感受接收通道」，在重要對話中記得先說「我理解你」，再談觀點與建議。

　　節奏不是逃避，而是幫你找回舒服與持久的人際能量分配方式。

## 真正的人際吸引力，是讓人願意慢慢靠近

　　社交不該是比誰聲音大、話題多、熱度高，而是比誰更能讓人卸下防備、感到放鬆與安全。成為讓人舒服的人，不是改變你是誰，而是調整你怎麼在不同關係中存在。

　　當你內在穩定，互動自然協調，情緒不強迫，節奏不失衡，人就會靠近你，不是因為你努力推銷，而是因為你成為一個讓人想待下去的心理場域。

第八章　你的性格適合怎樣的社交節奏？

# 第九章
## 關係裡的心理帳戶與互惠機制

# 第九章　關係裡的心理帳戶與互惠機制

## 第一節　人情不是白給的：心理帳戶與回報期待

> 為什麼有些幫忙讓人甘之如飴，
> 有些卻讓人懊悔不已？

在社交互動中，每個人心中都有一本心理帳戶，它記錄著我們在關係中「給了什麼」、「收了什麼」、「預期會得到什麼」。

表面上，我們說「幫忙是出於情誼」，但內心往往會問：「他以後還會幫我嗎」、「我是不是被當工具人了」？

這不是功利，而是稱為的互惠期待模型。當這個心理帳戶出現長期失衡時，人際關係就會開始出現壓力、抱怨、冷淡甚至終止。

### 心理帳戶的三大構成要素

**1. 情感投資：你讓我感覺被在乎了嗎**

這是心理帳戶中最不易量化、卻最影響感受的部分。例如：

- 你是否主動問候
- 是否在我需要時出現
- 是否記得我的狀態或重要時刻

這些都會成為「關係溫度」的重要依據。

當一方長期投入情感，而另一方不回應，帳戶會迅速透支。

## 2. 行動回報：你實際為我做了什麼

這是最具體的部分，也最容易成為人際衝突的根源。例如：

- 誰幫忙誰多
- 誰出力、誰出錢
- 誰總是被請託，誰總是「剛好沒空」

當這部分失衡太久，心理帳戶會呈現「付出者愈來愈沉重，接受者愈來愈理所當然」的狀態，最終導致裂痕。

## 3. 信任額度：我相信你是為了我好嗎

信任是心理帳戶的最高層級，它不像行動與情感可以短期補回。一旦出現破口（如隱瞞、背叛、推責），信任額度就會瞬間歸零。

建立信任需要時間，但毀壞信任，只要一次錯誤就足夠。

第九章　關係裡的心理帳戶與互惠機制

## 互惠關係的五種心理帳戶類型

這邊提供五種社交心理帳戶類型，幫助我們判斷目前的人際關係屬於哪一種互惠模式：

| 心理帳戶類型 | 特徵 | 常見風險 |
| --- | --- | --- |
| 平衡型帳戶 | 雙方互相付出，有互助節奏 | 穩定但怕突發改變 |
| 單向給予型 | 一方長期付出，另一方少有回應 | 出現情緒耗損與價值懷疑 |
| 利用型帳戶 | 一方只在有利可圖時出現 | 容易導致信任崩潰 |
| 延期型帳戶 | 雙方信任深厚，即使暫時失衡也能理解 | 須建立在高度信任之上 |
| 封閉型帳戶 | 雙方不再投入或回應，關係形同結束 | 無期待、無連結、無互動 |

你可以試著把身邊的人對應到這五種類型，理解彼此的帳戶狀態，便能避免誤判或過度投入。

## 為什麼人情帳戶容易失衡？
## 三個心理陷阱解析

### 1. 沉沒成本效應

你可能會想：「我都幫他那麼多次了，這次應該也不能拒絕。」但這正是陷入「沉沒成本」的心理陷阱——過去的付出綁架了當下的選擇。

第一節　人情不是白給的：心理帳戶與回報期待

真正成熟的心理帳戶管理，是懂得停損，而不是一味加碼。

## 2. 投資誤判偏誤

有些人對關係過度樂觀，認為「這段關係一定會回報我」，因此在早期就投入大量時間與資源，結果落入單向給予型帳戶。

學會觀察對方是否有「回應傾向」，比投入更多情感來得重要。

## 3. 角色固著效應

當你在一段關係中長期扮演某種角色（例如傾聽者、資源提供者、危機救援者），久而久之你將無法「被需求之外的方式對待」。

這種角色固化會讓你難以退出，也讓對方無法真正看見你需要被支持的一面。

# 如何重新校正心理帳戶，避免社交透支

## 1. 設定人際停損點

若某段關係長期單向給予，請設定觀察期與調整點。你可以說：「這段時間我有些事情要處理，可能沒辦法常常回應，如果你真的需要，我會盡力。」

這不只是設界線，也是為了測試對方的回應誠意。

## 2. 重啟回報機制

當你覺得心理帳戶快要失衡時,可以適度釋放訊號,提醒對方:

- ◆ 「最近我有點忙,可能需要你幫我協助處理這件事」
- ◆ 「這次我不方便出席,也希望你能多幫忙一下」

讓對方有機會補上回應,也讓你不用一直撐在高付出角色中。

## 3. 分類維護關係資產

將人際關係分為三類:

- ◆ 核心信任關係(長期互惠型)
- ◆ 策略性關係(任務導向型)
- ◆ 輕度社交關係(維繫情感型)

這樣一來,資源分配與時間規劃就更有效率,也能避免對每段關係都投入過多情感資源。

## 人情不是交易,但也不是無底洞

真正健康的關係,是基於互信與理解的動態平衡。當你願意付出,也願意覺察回報是否合乎內在標準,你就不會在

社交裡迷失自己，也不會在人情中變得麻木或疲憊。

　　學會管理心理帳戶，不是為了計較，而是為了讓每一段關係都能走得更遠，活得更真。

## 第二節　輪到你付出時，為何覺得吃虧？

### 為什麼明明是自己願意幫忙，事後卻滿肚子委屈？

　　你可能有過這樣的感受：原本答應幫一位朋友處理簡單的事，卻被拖延多日，變成你一手包辦；或是主動提供資源給同事，對方卻連一句謝謝都沒有。久而久之，你對「付出」這件事產生懷疑，甚至出現社交挫敗感與心理疲憊感。

　　事實上，「覺得吃虧」的本質不是你給得太多，而是付出的方式錯位，或期待錯置。當我們沒有設好心理預期，或過度理想化關係互惠的模式，就容易在付出後產生不平衡感。

　　這一節，我們將深入探討造成「心理吃虧感」的核心心理機制，並提供有效的認知調整與策略應對法。

## 第九章　關係裡的心理帳戶與互惠機制

## 三種常見的「吃虧型付出者」人格原型

### 1. 好人型人格：把幫忙當作維繫關係的門票

這類人擁有高度的同理心與社交敏感性，習慣性優先滿足他人需求。他們內心相信：「我幫助你，你就會喜歡我。」

但久而久之，若對方未如預期給出回應或感謝，便會開始覺得自己被利用、關係不對等，進而產生內心矛盾。

心理風險：當付出與認同感連結，若未獲得回饋，就容易情緒崩潰或關係中斷。

### 2. 拯救型人格：從幫助他人中獲得控制感

這類人對於他人的混亂、困難會有強烈的介入欲望，潛意識裡希望藉由「成為有用的人」來強化自我價值。

但一旦他人未照其期待發展，或無法維持依賴關係，他們會轉為失落與生氣，認為自己被辜負。

心理風險：對方若有獨立傾向，便可能遭到潛意識的情緒懲罰與冷處理。

### 3. 交換型人格：把人情當作精算表

這類人付出前通常心中已有回報預期，並以「衡量價值」來決定付出強度。他們不一定會直接要求回報，但若超過容忍範圍就會快速撤退，甚至翻舊帳。

心理風險：當回報時機未到，或對方不自覺欠債時，關係便迅速冷卻或終止。

## 產生「吃虧感」的五個心理認知迷思

### 1. 把回報期待當作默契

你可能心裡想：「我幫你這麼多，下次你一定會主動回報。」但這其實是一種單向想像的默契。若雙方未明確共識，對方甚至不會意識到自己該回應。

### 2. 付出時未設界線

當你一次又一次接受請求，未清楚說明底線，就容易被對方認定為「理所當然的資源提供者」。這不是對方刻意剝削，而是你給了他習慣被照顧的理由。

### 3. 情感投資與行動付出混為一談

有時我們以為「我陪你聊天幾小時＝你下次會幫我一把」，但對方若只把這看作普通交流，你的心理帳戶便會產生落差。這正是情感價值高估的常見錯誤。

### 4. 錯估關係等級

你以為雙方是「朋友」，對方可能只當你是「方便的聯絡人」。社交等級的不對稱，是吃虧感最常見的來源之一。

## 第九章　關係裡的心理帳戶與互惠機制

### 5. 誤認自己擁有影響力

你可能因過去有過幫助經驗，就以為對方會聽你的建議、按照你的方式處理事情。結果對方照自己想法行動，讓你感到無力與不被尊重。

## 五種付出不再吃虧的心理策略

### 1. 把「可以幫」與「應該幫」區分清楚

不是所有你能做到的事都要幫，也不是你拒絕了就是壞人。建立內在判斷標準，例如：「這件事對我是否有成本」、「這段關係是否足以承擔這份協助義務」是自我保護的第一步。

### 2. 付出前先評估對方的「回應習慣」

觀察對方是否具有回饋能力與意願：他是否曾在你有需要時主動提供幫助？是否有基本的情緒回應與尊重？若沒有，請將此關係視為低報酬型社交，調整投入強度。

### 3. 練習以對等姿態協商付出

當你願意提供協助時，也可以同時說明自己的期待與底線，例如：「我可以幫忙處理這次，不過如果下次你方便，也希望你能支援我。」這不是功利，而是人際健康的雙向維護。

### 4. 建立「可中止」的協助機制

你可以這樣說:「我這週能幫你,但下週我行程比較滿,就沒辦法顧到這麼多。」如此一來,你不會陷入長期義務關係,也讓對方理解幫助是有限且需要尊重的。

### 5. 調整對「吃虧感」的自我對話

當你付出後覺得吃虧,請問自己:「我這次的行動是基於什麼動機?是否曾明確表達期待?我是否期待對方照我想的方式回應?」透過這樣的內省,你會更清楚:問題不在於「給了」,而在於「怎麼給」、「給誰」、「期待什麼」。

## 真誠不是用來犧牲的,而是用來選擇值得的人

不是你不能再善良,而是善良也該有方向、有策略、有界線。當你懂得在社交中做出自我保護與互動清晰的選擇,便不再因一次次的付出而懷疑自己,更能從關係中獲得成就感與穩定感。

願你所給,能被珍惜;所盼,能被回應;所守,能被看見。

## 第三節　關係中的「信用危機」與信任重建

### 當信任出現裂縫，再多解釋也無法立即修補

關係的破裂，往往不是從一次爭吵開始，而是來自信任的逐步流失。可能是一次食言、一回敷衍、一種推卸責任的態度，或是一次「本不該說出口的話」。

心理帳戶的崩盤，通常不是付出與否的問題，而是「你說了卻沒做」或「你做了卻讓我懷疑你」的那一瞬間。

當這種狀態累積到某一程度，就會發生「信任破產」——也就是信用危機。

這一節，我們不談修補表面關係，而是聚焦在：當關係中的信任受損，該如何辨識、面對與重建？

### 信任崩解的四種心理徵兆

**1. 資訊不對等與選擇性透露**

當你發現對方開始不再主動分享消息，甚至刻意隱瞞或模糊重點時，信任裂縫就已開始產生。這是關係中常見的資

訊不對等破壞信任機制。

例子：同事明知專案進度落後，卻只報喜不報憂；朋友隱瞞交往對象的真實情況，怕你過問。

### 2. 承諾落空，且未主動說明或補償

「有答應卻沒做到」是破壞信任最直接的行為，尤其是在未經說明的情況下消失、放鳥、放棄責任，更會加速心理帳戶的崩盤。

### 3. 情緒忽冷忽熱，行為模式難以預測

當你無法預測對方的行為時，心理學上稱為「關係的不可預測性焦慮」。這種焦慮會讓人下意識啟動防衛機制，進而抽離關係。

你會開始想：「我不知道他下次會怎樣回應」、「我不確定他是真的關心我，還是只是方便時才出現」。

### 4. 重複犯錯與拒絕承擔責任

錯一次是疏忽，錯兩次是警訊，錯三次還在推卸，那就是破壞信任的主因。持續性的責任逃避，會讓對方認定「你不是信任對象，而是風險因子」。

## 第九章　關係裡的心理帳戶與互惠機制

### 信任重建前，先理解對方心中的「受損指標」

信任破裂不是抽象事件，而是具體行為導致的具體傷痕。若你無法精準命中對方失望的點，就算一百次道歉，也無法真正修復。

請嘗試這三個問題對自己誠實回答：

- 他人對我失望的核心是什麼？（言行不一？說話太急？不接地氣？）
- 他為什麼不再相信我？（我給過空頭承諾？曾在他最需要時不見人影？）
- 我過去曾用什麼方式回應信任危機？（冷處理？辯解？合理化？沉默？）

理解這些，就能讓你在修補信任時少走冤枉路。

### 重建信任的五個修復階段

#### 1. 承認與命名錯誤

切忌說「如果我讓你不開心，我很抱歉」這種模糊說法。正確的道歉是具體命名事件與影響，例如：「我知道我那天在群組中的回應讓你覺得我不挺你，這是我的錯。」

誠實命名，是關係修復的起點。

## 2. 情緒轉移，不搶主語

「但我當時也很忙」這句話是在搶主語。真正有修復力的語句是：「我知道那對你來說一定不好受，我沒在你需要時出現，是我失誤。」

請記住：修復的前提，是承接對方的情緒，不是保護自己的立場。

## 3. 行為補償，不只口頭保證

信任的修補必須實體化。你可以透過以下方式補償：

◆ 主動承擔對方的困擾部分
◆ 協助解決因你而起的問題
◆ 提出具體改善承諾與時程表

例子：「我下次會在前兩天主動提醒你這件事，而不是臨時通知。」

## 4. 建立新行為模式與驗證機制

與其說「相信我」，不如說「讓我們用新的方式重新合作」。

與其求寬容，不如創造「可觀察的行動改變」。

建立可見且可衡量的修復方式，是恢復信任的最實際做法。

## 5. 允許對方慢慢恢復信任,而非要求立刻原諒

信任恢復需要時間,也需要空間。對方若仍保留懷疑或防備,是正常反應。請避免說「你怎麼還不相信我?我都說了這麼多」這類話。

你應該說:「我知道你還需要一點時間,沒關係,我願意等,也會持續做出行動,讓你看到我的改變。」

## 當對方犯錯,你是否也能當修復的促進者?

信任修補不一定只能靠加害者,受傷方若能提供理性回饋與情緒空間,反而能更快重建連結。

你可以這樣說:

- ◆ 「我理解你不是故意,但我需要你知道,這件事真的傷到我。」
- ◆ 「我願意再給一次機會,但希望我們能一起討論,如何避免再發生。」
- ◆ 「你願意一起找出我們兩人都舒服的處理方式嗎?」

這些語句能為對方釋放壓力,也幫助你取回心理主導權。

### 信任的重建，是一次共同進行的心理工程

一段關係是否能持久，不在於是否從未出錯，而在於出錯後，雙方是否願意一起修補。

信任就像一道心理橋梁，當它裂開時，需要的不是空話或情緒勒索，而是穩固的木料、真誠的手藝與耐心的修繕。

願你在經歷每一場信任危機後，學會看見裂縫的方向，也看見光如何透進來。

## 第四節　規劃你的關係資產配置

### 人際網絡不是越多越好，而是配置得當才有力量

在理財學中，資產配置指的是將金錢投入不同風險與報酬的標的，以確保整體財務穩定。同樣地，社交心理學也指出：人際關係若能依價值、風險、回報與信任程度進行分類與配置，就能降低人際耗損，提高社會資本的運用效率。

過去我們習慣用「擴張」角度經營人脈，追求更多的聯絡人、更多的曝光、更多的圈子。但真實世界中的高效人際管理，其實來自於「分級」、「配置」、「篩選」、「維護」這四項策略。

## 第九章　關係裡的心理帳戶與互惠機制

這一節將教你如何從心理帳戶的結構性思維，建構出屬於你的人際資產模型。

### 關係資產三大類型：
### 信任度 × 功能性 × 投資報酬

你的人際關係可以依據兩個軸線分為以下三類：

### 1. 核心資產（信任高 × 投資報酬穩定）

這是你最值得長期經營的人際資源，包括：

- 知你冷暖的摯友
- 工作上願意挺你、不計較的人
- 能在你低潮時給你建議與實質支援的人

核心資產不是多，而是穩。重點在於維繫品質與互動深度。

### 2. 策略資產（功能性高 × 信任需經營）

這些人可能是你在職場、專案或人生轉折時非常關鍵的關係：

- 業界導師
- 部門主管

- 合作夥伴
- 領域中的重要節點人物

這類關係可能一開始信任度不高，但透過穩定互動、明確互利、有效回饋，能逐步升級為可倚賴的社會資本。

### 3. 彈性資產（接觸頻率高 × 功能不穩定）

這一類通常是：

- 社群認識的朋友
- 共同活動的短期夥伴
- 好感存在但尚未深入發展的對象

這些關係具有彈性與可能性，但若沒有後續經營，就容易消散。重要的是：這類關係需視生活資源與時間餘裕調整投入比例，避免過度投注情緒。

## 三種關係配置錯誤，會讓你的人際帳戶失衡

### 1. 把彈性資產誤當核心資產

例如因一兩次對話契合就過度信任對方、將私密訊息或資源過快交付出去。

這會導致心理預期落差、資源誤投與人際失落感。

第九章　關係裡的心理帳戶與互惠機制

正確策略：拉長觀察期，建立小規模互動測試機制，待彼此信任基礎穩固後再升級為高投入關係。

### 2. 讓策略資產自動流失

有些人因為不擅應對「非熟人」關係，就錯過了許多原本可以累積信任的合作對象。你可能因社交焦慮而長期不聯絡某位導師，也可能因錯過一次聚會，就讓一段原本可深耕的職場關係中斷。

正確策略：設立定期聯絡節奏，例如每季度一次簡訊問候或轉發相關內容，讓存在感持續不間斷。

### 3. 過度集中於單一人脈來源

如過度依賴伴侶、老友或上司為唯一心理支撐來源，容易因對方變動而產生重大人際斷層。

這在心理學上稱為依附資源單一化風險。

正確策略：分散信任投注，建立多層級的人際支援網絡。

## 規劃你的人際資產配置表：自我盤點練習

請列出你目前常互動的前十五位人際對象，接著依以下維度分類：

- 互動頻率：每週、每月、每季

- 信任強度：無話不談、可委託、僅點頭交情
- 互動功能：情緒支持、資源共享、創意交流、職涯幫助
- 心理成本：互動後的精神消耗與心理回饋程度

將這些因素量化後，你會發現：

- 哪些人需要升級互動
- 哪些人可以維持現狀
- 哪些人該適度退場或自然淡出

這不代表冷酷，而是懂得分配自己有限的心理資源與時間能量。

## 三個長期穩健的人際資產經營原則

### 1. 用時間而非聲量深耕關係

與其追求社群曝光，不如每月用一通電話、一封長訊息、一場誠懇的見面，經營一段真正有未來性的關係。

### 2. 建立「互利共好」而非「傾斜式」關係

人際長久的基礎不是情緒依賴，而是價值互換。當你能提供他人獨特價值（觀點、資源、合作能力），你的人脈將轉為可運用的社會資本。

## 第九章　關係裡的心理帳戶與互惠機制

**3. 隨時間調整配置，不盲目固守**

人生不同階段需要不同關係。單身期與婚姻期、創業初期與穩定發展期、人際布局與深度經營的比例應隨時間調整。

### 社交從來不是擴張遊戲，而是精準管理

你不必和所有人都成為摯友，也不必滿足所有社交期待。你需要做的，是誠實面對自己的心理資產現況，並清楚知道哪一段關係該加碼，哪一段該止損，哪一段該自然沉澱。

當你的人際帳戶不再雜亂，社交壓力自然下降，真正的支持與互助，才會發生。

# 第十章

# 信任的進化論：

# 從表象走入內在

## 第十章 信任的進化論：從表象走入內在

> **第一節 信任的形成與破裂：心理安全感的建構過程**

### 信任不是天生的，而是逐步建立的心理歷程

在所有人際關係中，信任是一個核心卻最易受傷的成分。它不像笑容可以偽裝，不像語言可以修飾，也不像地位可以交換。它是一種心理安全感，是你與我之間看不見但真實存在的心理合約。

信任的建立過程本質上是一場風險管理。你越願意展現自己未經修飾的一面，代表你越相信對方不會傷害你。這不僅是情感的投射，更是對「關係可預測性」的判斷與測試。

那麼，一段信任從哪裡開始？又會在什麼時候崩解？若我們能看懂這些關鍵節點，就更能有意識地經營關係、修補裂痕。

### 信任的五階段建構歷程

#### 1. 接觸期（接近與觀察）

在關係初期，個體會本能性觀察對方的語言、行為、一致性與情緒表現。這是一個低風險接觸階段，屬於「潛在可

交往者」篩選期。

此階段的關鍵指標為：一致性，也就是你說的話是否與行為一致、語氣與情境是否協調。

## 2. 試探期（風險小測試）

雙方開始進行小規模的信任測試，例如透露一段非公開的個人故事、請對方幫小忙、觀察對方的時間觀念與回應態度。

此時的信任是建立在對對方預測能力的信心上。只要一次答應卻未實現，就可能影響信任曲線的爬升。

## 3. 信任形成期（信任開始內化）

在多次測試中，若對方行為穩定、情緒成熟、願意負責，信任就開始進入心理內建化的狀態。

你會開始「不用想」就能相信對方。此時產生的信任不再是外在條件所決定，而是內部安全感所驅動。

## 4. 信任升級期（高風險揭露與合作）

當一段關係發展到此階段，雙方開始出現深度合作、資源共享、情緒揭露與目標承諾。

此階段的信任建構核心為：雙方是否能在壓力、爭執或誤解中持續維繫互信與溝通。

## 5. 信任穩定期（低監控、低懷疑）

此為成熟人際關係的頂點：即使不聯絡一段時間、即使短期互動出現錯頻，也能理解彼此的立場，並相信對方的本意與誠意不變。

## 信任崩解的三大觸發因子

### 1. 關鍵承諾未兌現

這是信任破裂的最常見原因。當對方在重要時刻食言，或未能履行先前所立下的承諾，心理帳戶就會急速透支。

實例：在重要會議中答應協助簡報製作，卻臨時消失；或是承諾保密卻洩露隱私。

### 2. 情緒反應不符預期

當我們分享脆弱或需要幫助時，對方若反應冷漠、嘲諷或逃避，會讓原本準備信任的人立刻關閉心防。

### 3. 背後行為曝光

即使表面和諧，但若得知對方私下批評你、選擇他人而不是你、或刻意在第三方扭曲你的說法，那麼信任不僅崩解，還會轉化為深度防衛與疏離。

## 如何讓信任破裂後能再次建立

信任一旦受傷，恢復的關鍵不只是「道歉」，而是讓對方看見你對修復的行動力與穩定性。

### 1. 具體說明失誤與動機

誠實描述自己當時的限制、盲點與非惡意動機，能讓對方感受到你的真誠。

例句：「我當時沒有及時幫你，不是因為我不重視，而是我沒有衡量好自己的狀態，這是我的責任。」

### 2. 展現改變計畫，而非情緒訴求

比起說「你原諒我好嗎」，更有效的句子是：「我已安排下次的方式，確保不再錯過；若你願意，我會用行動讓你重新相信我。」

這會讓對方從情緒不信任，轉為行為可驗證的觀察者。

### 3. 尊重對方的觀察期與防衛需求

請允許對方「不立刻相信你」、「保持距離」、「需要冷靜」。這不是不原諒，而是為自己爭取重建的心理空間與節奏。

第十章　信任的進化論：從表象走入內在

### 信任是關係裡最貴的資產，也最脆弱

你可以很快讓人喜歡你，但不可能讓人立刻信任你。

你可以說出千句好話，但只要一句話做錯，就可能讓過去的信用歸零。

這就是信任的現實與重量。

真正值得的人，不是從不犯錯，而是懂得面對失誤、修補信任、尊重別人的防線與節奏。

## 第二節　同理心與真誠的界線管理

### 真誠不是全盤托出，移情也不是無條件認同

現代社交語境中，「同理心」、「做自己」、「真誠交流」這些詞語聽起來是正向的，但一旦界線模糊，就容易從溫暖的連結變成令人疲憊的人際耗損。

心理學上所稱的移情／同理心（empathy），是指能夠理解他人情緒與處境，並適度做出情緒性或認知性的回應。真誠則是一種一致性的表現，也就是內心所感與外在所表一致。

但當這兩者失去界線，就可能出現以下情形：

◆ 把同理心變成「情緒認同」：對方痛苦你就也痛苦，結果一起陷入無解情緒
◆ 把真誠變成「情緒外洩」：覺得講真話就是說什麼都不顧場合與對方感受
◆ 把自我揭露當作關係武器：過度表達自己的傷痛或情緒，反而讓人喘不過氣

因此，要成為真正成熟的關係經營者，必須建立一種有界線的真誠與可收放的同理心。

## 同理心的兩種成熟層級

心理學家丹尼爾・高曼（Daniel Goleman）將同理心主要區分為以下兩種：

### 1. 認知同理心（Cognitive Empathy）

這是透過思考去理解他人立場與需求，例如：「他會這樣說，是因為他的職位壓力很大。」

特點是理性與可分析，但若無情感連結，容易讓人覺得冷漠或機械化。

## 2. 情緒同理心（Emotional Empathy）

這是感同身受的能力，例如：「當我聽見他這麼說，我也覺得很痛。」

這層移情有助於建立親密感，但過度時會出現情緒耗竭。

## 真誠的三大迷思與澄清

### 1.「做自己」不等於「全部表露」

很多人以為，誠實就是什麼都說，把所有情緒、想法一次性傾瀉出來。但真正的誠實，是在合適的時機，用對方式，對對的人說對的內容。

成熟的真誠＝情緒選擇 × 表達責任 × 溝通意圖清晰。

### 2.「有話直說」不等於「沒有同理心」

有些人把「我就是這樣」當作情緒攻擊的免死金牌。其實，直率可以是優點，但若沒有考量語氣與關係承載力，就會變成破壞性的語言暴力。

例子：「你這樣真的很蠢」換成「我擔心這樣做會讓你吃虧」，意義不變，傷害卻減少。

3. 「揭露脆弱」不等於「要求救援」

很多人在社交中傾向自我揭露，以換取情感連結，但若對方並未準備好接住這些訊息，就會出現互動負擔與心理壓力。

健康的自我揭露要素：

◆ 動機清晰（是想互相理解，還是單純抒發）
◆ 對象合適（是否為能承接的人，非每個人都必須知道你的一切）
◆ 預期適當（揭露後不強求對方回應或立即認同）

## 如何建立有界線的移情與真誠交流模型

### 1. 使用「你感覺，我理解」的表達方式

這種語言框架能保有心理距離，又展現關心：

◆ 「你這樣感覺很沮喪，我可以理解」
◆ 「我聽得出來你真的很努力，我也願意陪你一起想想辦法」

避免說：「我完全懂」、「我以前也這樣」，這類句子會讓對方感到被搶走主場。

## 2. 設立「移情界線點」與「真誠留白區」

在每一段關係中，你可以為自己設下一些默契：

◆ 什麼話題我願意談，什麼範圍暫時保留
◆ 什麼狀態下我能提供陪伴，什麼狀態下我需要沉澱

這些界線不是疏離，而是讓關係不走向情緒消耗。

## 3. 以「移情動作」代替「情緒反應」

當你面對他人情緒時，除了表達理解，更可以提供具體協助，如：

◆ 幫忙聯絡資源
◆ 提供資訊或方向
◆ 默默陪伴，而不是強行開導

這種方式既不過度涉入，也能建立真實信任。

## 有界線的真誠，才是真正持久的信任基石

在人際世界裡，移情若沒有清晰的邊界，就會讓人陷入他人的人生而迷失自我；真誠若沒有表達的節制與自我負責，就會變成情緒勒索與無形壓力。

讓我們學會以可承接的移情與可持續的真誠去建立關

係。你不需要對每個人都完全透明,但可以對值得的人,逐步展現真我;你也不必為了讓人舒服而拋棄自己,而是學會如何讓自己與他人同時自在。

## 第三節　高信任關係的心理特徵

### 真正穩固的關係,不需要天天解釋

你一定遇過這樣的人——即使幾個月沒聯絡,見面依然能自然聊天;即使雙方有分歧,也能冷靜討論,找到共識。這樣的關係,不靠頻率維繫,不靠話術打動,而靠的是內部深層的高信任結構。

根據組織行為學家派翠克‧倫西歐尼的研究,一段高信任關係最顯著的特徵是:彼此能預測對方反應,並相信對方即使表現不佳,也不會惡意傷害自己。

那麼,什麼樣的心理條件,能讓一段關係進化成「高信任模式」?本節將以心理學、行為科學與關係管理的角度,拆解高信任關係的關鍵元素。

## 第十章　信任的進化論：從表象走入內在

### 高信任關係的五大心理特徵

#### 1. 可預測性：你知道對方會怎麼做

高信任關係並不總是熱情如火,但絕對有「行為模式穩定、語言前後一致、情緒反應具脈絡」的特點。

換言之,即便出現衝突或誤會,你依然可以預測對方不會翻臉、不會故意激怒、不會突然變臉。

#### 2. 行動一致性：他說的話和做的事,彼此符合

承諾可以建立信任,但履行承諾才是讓信任升級的關鍵。

在高信任關係中,彼此都具有高度的「實踐力」—— 他說明天幫你確認資料,他就真的會做；她說會保密,那就不會轉述。

#### 3. 衝突處理的開放性：可以說真話,不怕對方爆炸

高信任關係不是沒有衝突,而是能坦誠地處理衝突而不破壞關係。

雙方能夠表達不滿、提出反對意見,同時相信彼此會就事論事、不進行人身攻擊、不翻舊帳。

#### 4. 脆弱共享的對等性：不只一方在袒露

你是否常在一段關係中發現,總是你分享真實、傾訴煩惱,而對方永遠保持神祕、冷靜、抽離？

若是如此，這段關係可能無法升級為高信任型，因為脆弱共享需要對等才有力量。

**5. 危機狀況下的可靠行為：關鍵時刻看得出誰在你身邊**

最終的信任測試，不是日常聊天多愉快，而是在你失落、低潮、犯錯或需要支持時，對方是否會挺你。

## 評估你的人際關係是否達到高信任

以下問題可作為你的自我診斷（每題 0～5 分，分數越高表示越符合高信任關係特徵）：

◆ 我可以預測他在壓力情境中的反應
◆ 他會兌現承諾，行動與話語一致
◆ 我們可以處理爭執而不傷感情
◆ 他也會主動分享自己的難處與想法
◆ 當我需要支持時，他不會消失或冷處理

總分介於：

20～25 分：高度信任型。

13～19 分：中度信任型，需進一步溝通與鞏固。

12 分以下：低信任型，建議審慎評估關係投資比例。

## 第十章　信任的進化論：從表象走入內在

### 如何進化現有關係，朝高信任前進？

#### 1. 從小事累積可預測行為

如準時赴約、主動提醒、回覆訊息時間穩定、情緒反應一致，這些看似小事，都是建構信任的行動證據。

#### 2. 明示價值觀與行為原則

讓對方知道你怎麼看待信任、你在意什麼、你接受什麼、不接受什麼。明確的邊界反而會讓關係更安心。

#### 3. 允許對方質疑，並尊重他疑慮

不是每個人都能馬上信你。若對方遲疑或保持距離，不要急著拉近，而是用行為去解釋你是誰。

#### 4. 危機來時不失聯、不閃躲

當對方出狀況，你可以這麼說：「我不知道我能幫上什麼，但我在這裡。」

這一句話，勝過千句安慰或建議。

### 信任，不是語言，而是一種可以驗證的心理共識

在這個充滿表象與碎片化溝通的時代，真正有力量的關係，不是每天互傳訊息，而是你內心深處相信：

即使我沒解釋，他也不會誤解我；即使我出狀況，他也不會退場。

信任，是時間與選擇的共同結果；是你在每一個微小行為中做出的保證；更是對方願意一次次把自己交給你的那份沉默信賴。

## 第四節　如何讓人「願意相信你」？

### 信任不是你說了算，是別人感覺出來的

許多人在人際互動中會不自覺說出這類句子：「你相信我吧！」、「我真的沒惡意」、「你怎麼會懷疑我？」這些話語反而暴露了一件事：信任不是你聲明的，而是他人感受到的。

信任的本質，是一種選擇性風險投資。當一個人願意信任你，他就是在選擇把心理的「開關」交到你手上，他願意相信你不會讓他受傷，不會讓他難堪，不會讓他後悔這個選擇。

那麼，怎樣的言行，會讓人自然地選擇信任你？你又該如何成為一個值得信任、讓人想親近的存在？這一節，讓我們從心理學與真實互動策略切入，建立「高信任人格」的行為模型。

第十章　信任的進化論：從表象走入內在

## 四種讓人想信任你的心理關鍵

### 1. 你是一個可以預測的人

人類的大腦對於「不確定性」極度警戒。當我們無法預測一個人的情緒反應、行為方式與邊界時，就很難對他產生信任。

信任不是從善意開始，而是從穩定開始。

具體表現：

- 做事有頭有尾，不輕易變卦
- 情緒穩定，不讓人猜測你的反應
- 溝通風格固定，不忽冷忽熱

穩定，是讓人願意靠近的第一道心理防線。

### 2. 你願意承認錯誤，且負起責任

信任不是完美，而是面對不完美時的反應。如果你犯錯後會推卸責任、裝沒事、沉默逃避，那麼你在他人心中的信任分數將急劇下滑。

反之，當你能主動承認錯誤並補救，反而能讓信任回升。

具體表現：

- 直接說出問題而不辯解：「我昨天確實沒注意，造成你的困擾，對不起。」

- 提供具體補償方案：「我今天會補上資料，下次也會提前提醒你。」

責任感，比解釋更具修復力。

### 3. 你有能力幫助對方達成某種目標

信任不只是情感投射，也與「實際可用性」高度相關。若你在對方心中，是一個能幫助他思考、完成任務、或提供資源的人，這種信任將穩固且實用。

人會自然信任對他有價值、而非只會表面同理的人。

具體表現：

- 提供實質建議而非情緒陪伴：「我認為你這個提案可以這樣補強。」
- 協助對方提升決策品質：「如果你願意，我可以一起幫你規劃時間。」

信任的高階形式，是被賦能的感覺。

### 4. 你尊重對方的節奏與邊界

這點最常被忽略，也是構成信任最關鍵的細節之一。當你能「不急、不逼、不侵入」，你就在對方心中建立了一種安全感的象徵性角色。

具體表現：

- 不追問、不強求對方立刻回應
- 尊重對方說「不」的權利
- 願意等待對方打開話題，而非逼迫對方吐露

尊重，是最高級的信任邀請函。

## 讓人願意信任你的行為準則：三步驟信任模型

信任可透過以下三步驟行為設計進行累積：

### 第一步：建立情境一致性

在不同場合、不同人面前，展現出相似的價值觀與行為風格。這會讓人產生「你是有核心的人」，而非隨風擺盪的變色龍。

提示：即使你說不同語言，也要傳遞一致的人格溫度。

### 第二步：創造小型信任兌現經驗

你可以透過主動協助、及時回應、保守祕密、履行小承諾等微行動，讓對方累積對你的正向心理印象。

信任的建立，不靠大話，而靠小事。

第四節 如何讓人「願意相信你」？

**第三步：引導對方也投入信任**

當你希望關係升級，可以溫和地邀請對方參與，例如：「如果你覺得可以信任我，有什麼事我能幫上忙就告訴我。」或是：「你願意跟我分享一點你的想法嗎？」

信任，是彼此互投的行動，不是一人演獨角戲。

### 讓人不願信任你的行為地雷：
### 請避免這五種錯誤

- 總是遲到卻有一堆理由（破壞可預測性）
- 分享他人私事，卻說「你別跟別人說喔」（破壞保密性）
- 只在需要時才聯絡（破壞互惠性）
- 說話方式帶刺，卻說「我就是直」（破壞情緒安全）
- 太快貼近對方，揭露過度（破壞邊界感）

你怎麼行動，別人就怎麼定義你。

### 讓信任發生，不是靠解釋，
### 而是靠累積

信任的種子，來自你的行為；信任的發芽，來自別人的感受；信任的長成，來自一次次你選擇「做對的事」而非「做

## 第十章　信任的進化論：從表象走入內在

容易的事」。

　　別人會不會相信你，從來不是你說了什麼，而是你給了什麼樣的情緒、態度與可靠性。

　　成為值得信任的人，不是技巧，而是一種長期特質；不是說服他人相信你，而是成為讓人想相信你的人。

# 第十一章
## 社交潛能開發：
## 提升影響力與存在感

# 第十一章　社交潛能開發：提升影響力與存在感

## 第一節　存在感心理學：別讓你消失在人群中

> 為什麼有些人只說幾句話就讓人印象深刻，而有些人則像背景音？

在現代社交環境裡，資訊密集、人群快速變動，擁有存在感就等於擁有影響力的基礎門票。

存在感不是炒作出來的高調，也不是只能靠外貌或聲量。它是一種心理影響力的總和——當你出現時，空氣微微改變；當你發言時，別人會停下來聽。

但多數人都誤解了存在感的本質。他們以為要表現出色、話多搶鏡、刻意活躍才能被看見。其實，真正有存在感的人，是能被感受到、被記住、被信任、被期待再次見面的那一種人。

本節將從心理學角度解析「存在感」如何形成、為何你會在人群中被忽略，以及如何打造一種自然卻有力的「心理場域」。

### 存在感是什麼？

存在感是指：一個人在社交情境中，能夠引起他人注意、記憶與互動意願的心理影響力。

## 第一節　存在感心理學：別讓你消失在人群中

當一個人具備以下三項特質時，就容易被視為「存在明確的人」：

- 可辨識性 (Identifiability)：有鮮明特徵或語氣，使人容易分辨
- 可記憶性 (Memorability)：互動後留下印象，願意再次接觸
- 可預測性 (Predictability)：行為風格穩定，使人感到熟悉與安全

存在感的本質，不在於你做了什麼特別的事，而是你讓他人心理留下了什麼痕跡。

### 為何你在人群中容易「隱形」？

**1. 社交風格模糊：你總在模仿他人，缺乏個人風格**

當你習慣用「討喜」的方式取悅每個人，說話語氣沒有個人節奏，肢體動作沒有專屬表達，你便容易成為眾人中的一片背景。

模糊的風格讓人無法聚焦，最終等於心理存在感為零。

### 2. 語言無標記性：你說的話沒有「記憶錨點」

例如：「最近都還好啦」、「我也覺得那個還不錯」這類句型，讓人難以定位你是誰、想法是什麼。

語言中若缺乏立場、畫面與情緒強度，存在感自然稀薄。

### 3. 肢體表現被壓抑：你身體在場，但氣場缺席

說話時不看對方、坐姿畏縮、手部動作封閉，這些非語言訊號都會被潛意識解讀為「這個人沒有主導權」，進而影響你在場域中的心理地位。

### 4. 能量調頻錯位：你的節奏與場合氛圍不同步

例如在輕鬆聚會中講述嚴肅議題，或在正式會議中開玩笑過頭，都會讓你被誤解為「不搭調的人」。

存在感不只是自我展現，更是能與場合節奏共振的能力。

## 三層次存在感打造策略

### 1. 外在辨識度：讓人快速認出你

- 語言風格建立：常用的詞彙、比喻、語速風格可具特色，例如「這讓我想到一種野火效應」、「我覺得這像是一個人際緩衝區」。

- 服裝與配件選擇：不需要花俏，但應有專屬風格，如固定配戴特定顏色、項鍊、眼鏡風格等。
- 聲音與語調練習：穩定、清晰、有層次的語調會提升注意力聚焦度。

## 2. 心理投射力：讓人想要靠近你

- 提問時聚焦對方心理：「你最近有沒有什麼事特別讓你在意？」比「最近如何」更具連結力。
- 回應時用「心理描寫」：「聽你這麼說，我感覺你一定經歷了一段很掙扎的過程。」
- 適度自我揭露但不灑狗血：你可以說「這議題我曾經也卡過兩年」，而非「我當年被全公司背叛、崩潰半年」。

存在感來自共鳴，而非壓迫。

## 3. 情境記憶標記：讓人之後還記得你

- 結尾語言設計：「謝謝你的分享，今天這段對話我真的會記得很久。」
- 補強互動延伸：互動後以簡訊、私訊、社群標記等方式延續記憶，例如：「剛剛你提到的書，我想到這篇文，傳給你參考。」

◆ 留白反而加深印象：不必滔滔不絕，若能在適當時刻停下、微笑、留出空間，反而能製造「記憶場域」。

### 存在感不是一場秀，而是一種關係召喚力

一個真正有存在感的人，會讓人：

◆ 想再見一次
◆ 想聽他說更多
◆ 在未來某刻自然想起他

這不是聲音大、話題多、裝扮醒目的結果，而是你在人與人之間，建立了一種讓人「想靠近」、「能信任」、「願意交往」的心理磁場。

## 第二節　如何讓別人主動記住你？

### 真正有力量的記憶，是心理上的「印記效應」

在現代資訊爆炸、社交關係快速更迭的時代，如何讓別人在活動結束、會議閉幕、甚至多年後，依然對你有印象？

這不只是「記住名字」的問題，而是心理層面上是否與對方的記憶結構發生連結。

認知心理學指出，人的大腦會優先記住下列幾類訊息：

◆ 與自己高度相關的
◆ 有情緒波動牽動的
◆ 具備鮮明畫面或故事性的
◆ 能解決自身問題的資訊來源

若你能在人際互動中，巧妙滿足這四種條件，就能在對方腦海中建立可回憶的心理節點，而不只是瞬間的「見過面」而已。

## 為什麼你總是被「記不起來」？
## 三種隱性錯誤行為

### 1. 你說話沒有畫面

講話內容太抽象、太制式、太無趣，聽起來像教科書或客服腳本，無法在對方腦中激發聯想。

錯誤句式：「這段經歷對我而言非常寶貴，也有很多學習。」

優化句式：「那天我坐在會議室裡，感覺像是自己被冰凍了一樣，一句話也說不出來。」

畫面感＝記憶釘。

### 2. 你提供的是資訊，而非共鳴

你總是在「告訴」別人，而不是「感受」別人的情緒。這讓你成為資訊提供者，而非情緒連結者。前者容易被搜尋引擎取代，後者才會被記住。

### 3. 你沒有標示自己的位置

當你從頭到尾都在附和或模糊敘述，對方根本不知道你是誰、價值觀是什麼、你立場在哪裡。這讓你在人際地圖上失去定位權。

## 讓人「主動記住你」的五種心理操作策略

### 1. 說話要有「心理鉤子」

所謂心理鉤子，是指一句讓人記得你、想到你時會聯想到的語句、詞彙或形象。

例子：

- 「我其實是個把社交當科學研究在做的人」
- 「我觀察朋友的習慣就像分析資料」
- 「我只相信三件事：清單、咖啡和邏輯」

這些鉤子不一定嚴謹，但夠鮮明，就能被掛在對方心中。

## 2. 打造「記憶場景」而非對話過程

多數人記不得談話細節，但會記得「那時你怎麼讓我覺得自己很被理解」或「你說的故事像我自己」。因此：

- 與其講道理，不如講故事
- 與其分享想法，不如勾起共鳴
- 與其用論述說服對方，不如用場景帶入

故事性＋移情性＝記憶場景。

## 3. 留下互動收尾的「記憶錨點」

一段互動中，最後一兩句話會被最深刻記住。心理學稱為「近因效應」。你可以在離開時留下一句不求共鳴、但足夠個性化的話：

- 「今天這對話比我想像中還重要，謝謝你」
- 「我從你這學到一件事，我以後會試著也這樣做」
- 「你剛剛那句話我可能會記很久，真的觸動到我了」

這種非公式化的收尾語句，會在對方心裡拉出一段餘韻。

## 4. 在互動後「第二次出現」

很多人以為互動結束就沒了。其實，記憶真正定型的是「互動之後的那一刻」。

# 第十一章　社交潛能開發：提升影響力與存在感

你可以透過以下方式「補強出現」：

- ◆ 傳一段音樂、連結、書摘：「這是我剛剛講到那本書」
- ◆ 標記對方社群發文：「這不就我們今天聊的那件事！」
- ◆ 寄一封簡訊：「我還在回味剛剛那個故事,真的太有畫面了」

互動後的出現,是將人設從瞬間印象轉為長期記憶的橋梁。

## 5. 塑造你在對方社交網中的「位置感」

想像對方的人際圖譜裡有無數個人,你該怎麼成為他腦海中某一個「標籤角色」?

你可以這樣定義你自己：

- ◆ 「我是你未來找創意點子的那個人」
- ◆ 「我是那個對細節偏執的分析控」
- ◆ 「我是你想到心理觀點時第一個會標記的人」

一旦你的角色被定義,對方每次遇到相關情境時,就會自然想起你。

> 讓記憶發生，不是靠努力留下，而是靠共鳴扎根

別人會不會記得你，從來不是看你說了多少話，而是你說了什麼，是否命中了對方的情緒、記憶與關注點。

你不需要每天發文曝光、不需要成為焦點、不需要拚命搞笑或用力過猛。你只需要在每一段對話裡，說出能觸動對方內心的一句話，或創造一個可以讓人回想的畫面。

## 第三節　成為團體裡的關鍵節點人物

> 團體中真正有影響力的人，不一定是說得最多的

在人際關係中，有一種特殊類型的人，他們不一定最能言善道，也不一定最常曝光，但他們總是團體中的樞紐人物。他們能讓彼此不熟的人因為他而建立連結，能讓資訊有效流動，也能在關係出現斷層時，成為穩定節點。

這樣的人被稱為關鍵節點人物。他們的價值在於：整合、串聯、影響、支持。

根據網絡理論，社交系統並非均勻分布，而是呈現少數節

## 第十一章　社交潛能開發：提升影響力與存在感

點高度集中、多數節點低度連結的狀態。而掌握這些高度節點的人，就等於擁有網絡中的非正式領導地位與潛在資源整合力。

本節將說明如何成為團體中的「人際節點」，不靠權位、資歷、聲量，而是靠心理定位、信任累積與關係設計。

### 為什麼你不是關鍵節點？
### 常見的三種社交錯誤定位

#### 1. 你總是「附屬」在他人之下

你的出現總是附著於某個角色或更強勢的人。久而久之，別人認識你，只是因為「你是某人的朋友」或「你常跟誰一起行動」，而不是你本身的價值。

節點人物的建立來自「自帶路徑」，而非借道而行。

#### 2. 你只和熟悉的人互動，缺乏橋梁性

你在人際網絡中只是單純的「社交島」，跟一小群人高度連結，卻與其他圈層斷裂。這使你無法在不同群體間發揮影響力或建立連接效益。

節點人物之所以關鍵，是因為能跨圈整合。

### 3. 你處於「可替代狀態」

如果你說的話、做的事、傳遞的資源，其他人也能輕易做到，那你在團體中的位置就是可替代的。只有當你的價值是獨特且穩定的，你才會成為不可或缺的節點。

## 關鍵節點人物的五種心理特徵

### 1. 觀察力強，知道誰該跟誰連結

他們像人際導航系統，知道誰擅長什麼、誰需要什麼、誰和誰互補。這讓他們能在正確時機促成有效連結。

例子：「我覺得你跟 Lisa 應該聊聊，她最近剛好也在處理類似的議題。」

這不是八卦，而是有意義的精準撮合。

### 2. 自己不搶焦點，但能讓焦點轉向別人

他們懂得如何讓他人被看見，也不怕自己退到後面。這讓人對他們有情緒債與正向投射，願意回應與回報。

### 3. 願意分享資源，但懂得分級

關鍵節點不是無條件奉獻，而是有判斷、有策略的分享。他們會根據對方信任程度、關係深度與互惠潛力，調整投入比例，讓人覺得「這個人可親、可靠、可敬」。

### 4. 在風暴中穩定，在爭執中中立

當團體內部出現爭執、轉變或人際危機時，節點人物能提供冷靜、理性的觀點，不隨便選邊站、不誇大其詞，而是幫助事情回歸本質。

他們被認為是中介信任者 —— 不會煽動情緒，而是協助他人回到理性思考。

### 5. 讓人感覺「我和他熟，就有資源靠近我」

這是一種人際心理光環效應：靠近他的人會感覺自己也被接入某種資源網，從而提升彼此的地位與能見度。

這使他們在人際場域中，具備社會稀缺性與心理地位提升效應。

## 成為關鍵節點人物的五大實踐策略

### 1. 建立人際資料庫：熟記他人特質與資源

建立筆記或心中地圖，記錄你每位認識的人：

- ◆ 擅長什麼？
- ◆ 正在做什麼？
- ◆ 有什麼需求？

- 跟誰可能會互補？

你就是人脈的策展人。

## 2. 培養橋梁型互動風格

在每場聚會、會議、社群互動中，主動做以下事情：

- 幫一位新朋友介紹給老朋友
- 幫一個內向者開話題
- 分享一篇有關對方興趣的文章

你不必說得多，但要說得準。

## 3. 定期出現，創造存在密度

節點人物不是「一次性閃耀」，而是長期穩定浮現。每個月出現在幾個社交場域、發表一段觀點、提供一份幫助，能讓你的社交能見度自然提升。

## 4. 擁有自己能提供的「非價格性資源」

這些資源可能是：

- 對事物的見解（認知資源）
- 介紹他人的能力（連結資源）

- 安撫、穩定氣氛的能力（情緒資源）
- 行動執行力（推進資源）

人脈節點的價值，是你能讓人進一步，而不是原地打轉。

## 5. 累積「人情債」而非「人情帳」

你幫了人，卻不催討、也不暗示；你協助了他，卻不圖回報。這種行為會在他人心中形成正向情緒帳戶。等他有資源時，會優先想起你。

這不是無私，而是高情商的資本布局。

## 讓自己成為別人願意連上的節點，而不是被動等待

不要只是羨慕某些人總能在聚會中成為中心，或總能讓資訊、合作、資源自動靠過來。你可以透過有意識的互動策略與人格養成，打造自己的節點地位。

你不是要變成意見領袖，而是變成一個值得被信任、被接近、被牽線、被期待的人。你不必最耀眼，但你可以最穩定、最可依賴，也最具串聯價值。

# 第四節　經營可見度：
# 社群、自媒體與線下互動的整合術

> 社交不是一場單點曝光，
> 而是一種持續「被看見」的節奏管理

　　你可能在實體互動中表現得不錯，但三天後就被遺忘；你可能在社群平臺偶爾發言，但無人關注；你可能內容優質、觀點銳利，卻始終無法被圈內看見。問題不在於你不夠好，而是你的「可見度設計」出了問題。

　　現代人際互動已不再局限於實體空間，而是由社群媒體（如 Instagram、Facebook、LinkedIn）與現場互動交織而成的多層式曝光網絡。可見度成為一項新型社交資產，能決定你是否是那個「值得被注意」的人。

　　本節將教你如何從心理學與社群策略的角度，打造屬於你的人際「存在感系統」，讓線上與線下成為彼此的放大器，而非切割的舞臺。

## 第十一章　社交潛能開發：提升影響力與存在感

### 為什麼你努力了卻沒被看見？
### 三種常見可見度錯誤

#### 1. 你的出現沒有連續性

你偶爾在社群發一則貼文、偶爾出席一場活動，但兩者之間沒有關聯，也無持續節奏，對他人而言，你只是「曾經出現過」，而非「一直都在」。

可見度的核心不是一次性亮相，而是讓人知道你一直在運作中。

#### 2. 你缺乏明確的「社交主題」

你時而談心靈成長，時而晒貓咪，時而談創業觀點，內容雖豐富卻無聚焦，導致他人無法定位你是誰。

當你讓他人無法快速標記你，你的存在就會模糊在資訊洪流中。

#### 3. 你在不同場域中呈現出不同樣貌

這會導致認知斷裂。你在現場侃侃而談，卻在線上幾乎沉默；你在線上言語尖銳，面對面卻沉默寡言。這種不一致性讓人難以建立心理預期，進而降低信任與關注意願。

### 第四節　經營可見度：社群、自媒體與線下互動的整合術

## 打造個人可見度系統的五個策略

### 1. 設定你的「心理定位詞」

請選出三到五個關鍵字，描述你希望在他人心中建立的印象。例如：

- 「溝通心理師」、「人脈整合者」、「安靜的策略型觀點者」
- 「品牌洞察者」、「行為設計推廣者」、「內容風格節奏感教練」

每次互動，不論是貼文、現場介紹、自我簡介，都朝這些標籤去靠近與加強，讓人開始為你建立「社交記憶點」。

### 2. 設計「內容節奏表」：讓你穩定出現在他人心中

你可以建立一套週期型內容規劃，例如：

- 每週分享一則觀點
- 每月寫一次沉澱型長文
- 每季舉辦一場線上直播或聚會分享

這種「低頻穩定」比「高頻短爆」更容易建立長期可見度。

### 3. 線下活動即是內容源頭

許多人錯過了把現場互動轉為線上擴散的機會。例如你參加一場研討會，不妨這樣操作：

## 第十一章　社交潛能開發：提升影響力與存在感

- 拍照標記參與者，並寫下重點心得
- 分享一段有趣或具價值的對話
- 將活動延伸變成一篇觀點貼文

如此一來，你的社交不再是一次性互動，而是可被擴大與記錄的經營行為。

### 4. 創造「交會點內容」：讓不同圈層因你連結

你可以設計跨領域話題或觀點融合內容，例如：

- 「心理學如何幫助創作者打造持久影響力」
- 「設計人怎麼練習高效溝通？」
- 「行銷人如何用 MBTI 看團隊性格互補？」

這些內容會讓你成為不同群體的交集人物，進一步擴展可見度與關係網。

### 5. 留下你的「數位軌跡」：讓人有機會再看見你

不要怕留下痕跡。你在別人貼文下的留言、私訊裡的回應、社群的即時互動，都是讓人「重新認得你」的機會。

數位軌跡 ≠ 頻繁洗版，而是自然流露出你在觀察、參與、支持的存在感。

第四節　經營可見度：社群、自媒體與線下互動的整合術

## 整合線上與線下的三層曝光設計

### 第一層：初級曝光（可見）

目標是出現在他人視野中，讓人知道「你有在運作、有產出、有活動」，例如：

- 穩定貼文頻率與主題一致性
- 在群組、活動、聚會中被提及或主動貢獻

### 第二層：互動認知（可辨識）

目標是讓人記得你是誰、你在做什麼、代表什麼觀點，例如：

- 針對某個主題深度分享
- 積極留言他人內容且有貢獻價值
- 在聚會中說出關鍵觀點、提問、回應

### 第三層：角色定位（可信任）

目標是在關係網中建立被信任與期待的角色定位，例如：

- 他人願意轉發、標記你
- 有人私訊你請教觀點或合作

### 第十一章　社交潛能開發：提升影響力與存在感

◆ 被邀請加入內部小圈、專案、討論群

這三層不是一步到位,而是循序漸進的心理建構過程。

## 讓社交曝光成為「可控資產」,而非偶然機運

別再把可見度當作偶然產生的運氣現象。你完全可以設計出一套屬於你的曝光節奏,讓線上與線下互為引流、內容與互動相互支撐、存在與價值自然累積。

你不是要當網紅,而是要成為一個可被信任的、有持續性出現的、有心理重量的人。

# 第十二章

## 當社交變成戰場：

## 人際對抗與心理防禦

第十二章　當社交變成戰場：人際對抗與心理防禦

## 第一節　職場心機的心理建構與破解

> 心機，不是例外，
> 而是某些人長期社交策略的選擇

在職場中，你是否曾遇過這樣的人：

- 總是表面和氣，私下卻搶你功勞
- 明明沒做多少事，卻總能搶得讚賞
- 對上極度阿諛，對下冷漠傲慢
- 看似在幫你，其實在削弱你

這不是偶發，而是一種有意識的社交操控邏輯。心機不一定等於壞，而是指某些人在人際互動中，以自身利益最大化為優先目標，並採取心理操控、語言模糊、關係操作等策略來實現目標。

本節我們不談道德審判，而是用心理學的角度，來理解這類「心機操作」的底層機制，並給你具體的防禦與破解方法。

第一節　職場心機的心理建構與破解

## 職場心機的五種心理模型

### 1. 投射操控型：讓你懷疑自己，強化他地位

這類人擅長用話語影響你的情緒與判斷，例如：

◆ 「你最近是不是狀況不好？好像變得比較緊張。」
◆ 「我覺得你太敏感了啦，大家都這樣，只有你在意。」

這種語言讓你開始懷疑自己的觀點與情緒反應，逐步喪失心理主控權，進而把權威交給對方。

破解策略：

◆ 明確表達你的感受而非自我否定：「這件事讓我不舒服，不論是不是敏感，都值得討論。」
◆ 保有行為紀錄，避免情緒被扭曲為事實。

### 2. 暗示性貶低型：把否定包在建議裡

這類人不會明說你不好，而是用讚美開場、批評結尾的方式，製造心理混淆：

◆ 「你這份簡報其實滿有潛力的，但如果你有邏輯思考能力的話，會更好。」
◆ 「你的創意真的很棒，就是細節還是有點不成熟啦！」

這是一種「裹糖衣的批判」,目的在於削弱你的自信,而不讓你反擊。

破解策略:

- 以具體回應拆解模糊語言:「我想請你具體說明,哪裡不成熟?哪些地方可以調整?」
- 讓對方意識到你不會無條件接收暗示貶低。

### 3. 功勞劫持型:趁你不備,搶走你的努力成果

最典型的心機操作是「你做了,他說的」,例如:

- 在會議中搶先說出你私下提過的想法
- 將團隊成果私下歸功於自己與上司簡報
- 避免你與高層直接溝通,以壟斷資訊權

破解策略:

- 建立可追溯的工作紀錄,如時間戳記文件、email 副本、群組留言
- 主動爭取公開發言機會,讓自己成為觀點的第一人

### 4. 道德綁架型:用情緒與人情操控你行動

例如:

- 「拜託啦,就你能幫了,不幫我真的很難做人。」

- 「我也不想麻煩你，但你不是一直說要互相嗎？」

這種語言讓你背負心理責任，而無法自由選擇是否答應。

破解策略：

- 保持界線語言：「我理解你的處境，但這次我可能無法幫上忙。」
- 建立選擇權主體性：「我也要顧及我現在的狀況，之後有餘裕再一起想辦法。」

## 5. 情境錯位型：讓你在錯的時間點說對的話

例如他們故意安排你在不利場合提出建議，或是在資訊不完整時逼你表態，讓你在集體印象中失分。

破解策略：

- 為發言爭取場域：「這議題我想下次再完整地提出，今天的資訊可能不夠完整。」
- 建立同盟觀察者，避免陷入單打獨鬥的視覺戰場

## 第十二章　當社交變成戰場：人際對抗與心理防禦

### 培養「心機感知力」的五大練習

**1. 觀察語言裡的模糊成分**

例如：「很多人都這樣覺得」、「有人說你最近好像不太穩」，這類語句無明確來源但高情緒價值，常被用來操縱他人情緒。

對應策略：問清楚「誰說的」、「什麼時候」、「具體是什麼事」，拉回具體層次，讓對方的操作無法成立。

**2. 辨別「友善語氣」與「心理操作」的落差**

有些人講話總是語氣輕柔、笑臉迎人，但實質上步步為營、語中帶針。

訣竅：不要只聽語氣，要看行為與語意的落差。

**3. 熟練界線語言，降低對方操控空間**

- 「我想這不是我目前的責任範圍。」
- 「我了解你的建議，但我有其他考量。」
- 「這次我就先專注在我的角色上。」

這些句子讓你在不撕破臉的情況下，設下清晰人際邊界。

### 4. 組建信任網，強化心理防禦

沒有盟友時，你就是最容易被針對的人。你不必處處結交，但需要在職場中培養 2～3 位心理信任對象，彼此提供情報與情緒支持。

### 5. 提升情緒耐受力，不被情緒牽著走

很多人不是敗給手段，而是敗給自己情緒被帶著走。當你不急著反駁、不慌張澄清，反而能讓對方的操作失去效用。

## 面對心機，不是比心狠，而是比清醒

職場心機不可避免，也無法消除，但你可以選擇不成為被操控的一方。只要你有意識地看見操作套路、練習心理界線、善用語言策略，你就能不動聲色地避開攻擊，穩穩地活在棋盤之外。

# 第二節　被攻擊時的心理強化技巧

## 被攻擊不是恥辱，而是你開始有分量的訊號

在職場與社交現場，當你開始做出決策、表達觀點、主導討論，你也就開始暴露在人際攻擊的風險之下。這些攻擊

## 第十二章　當社交變成戰場：人際對抗與心理防禦

可能來自嫉妒、不安、權力爭奪或單純的心理投射，但無論其動機為何，都會對你的情緒造成巨大衝擊。

而你該思考的不是「為什麼他要這樣對我」，而是「我該怎麼處理這樣的對待」。

心理學不是要讓你變得無感，而是幫助你在面對攻擊時能有選擇地做出反應。這節將從三個層次切入：認知清晰、情緒鍛鍊、語言回應，幫你打造一套實用的心理盾牌。

### 為什麼面對攻擊時，我們容易瞬間失去判斷力？

根據神經科學研究，當人感受到語言攻擊、羞辱、嘲諷或否定時，大腦的杏仁核會啟動，讓人進入「戰或逃」模式。這種情況下，理性區（前額葉皮質）的活動會降低，導致判斷力下滑、語言組織力變差、情緒反應變強。

因此，你不是不夠堅強，而是生理本能在作用。但你可以透過訓練與策略，逐步讓自己在關鍵時刻「不被帶走」。

## 面對攻擊的三層心理強化策略

### 1. 認知強化：破解攻擊的三大假面
**攻擊者常假裝是「建議者」**

語句如：「我只是想提醒你一下……」或「我是為你好才說的」，但本質上包含否定、羞辱、貶抑。請記住，不尊重界線的建議就是操控。

**攻擊者擅長用「事實」掩蓋情緒目的**

他會說：「我只是陳述事實」，實際上是在操控集體觀感。事實不應帶情緒指涉詞，否則就成為攻擊工具。

**攻擊者會設計「不反駁就默認」的框架**

例如：「你都不回應，是不是覺得我說的對？」這種語言設計讓你陷入兩難。

認知對策：在第一時間做出內部斷句：「這是攻擊，不是建議」、「這是投射，不是觀察」、「這是測試，不是對話」。當你能命名事件本質，你就不會困在情緒的霧裡。

### 2. 情緒強化：練習「延遲反應」的心理習慣

當攻擊發生時，真正高段位的處理，不是立刻反擊，而是拉長情緒反應的距離。

## 第十二章　當社交變成戰場：人際對抗與心理防禦

### 三秒策略

當你感覺被冒犯、被點名、被暗諷，請先做三秒沉默呼吸，讓自己從自動反應轉為有意識選擇。

### 反問而非辯解

不說：「我不是那個意思！」而是說：「你會這樣解讀，是因為什麼感覺嗎？」

這不僅拖延攻擊者的節奏，也讓你保有主控權。

### 內部語言練習

在心中建立「戰場模式語言」：例如，「我正在被攻擊，我選擇慢下來」、「這不是關於我，而是關於他要證明些什麼」。

情緒的勝利不是壓抑，而是你有能力延遲反應，重新選擇表達方式。

### 3. 語言強化：精準輸出高心理強度語言

以下是五組高強度但低衝突語言範本：

「你的觀點我收到，但我們可能站在不同的經驗位置。」

拒絕認同，保留距離。

「我尊重你這樣看，但我保留我的想法。」

拒絕糾纏，創造邊界。

「我沒打算進一步辯論，因為這對彼此沒幫助。」

不進攻,卻把球收回來。

「我可以之後再回應,現在我需要一點時間消化。」

爭取時間,切斷對方操控節奏。

「你這樣說我不太能接受,我們可不可以用別種方式討論?」

指出不舒服,提出重開條件。

這些語句的核心,不在於讓對方認錯,而是讓你保住心理位置,不退縮、不崩潰、不過度戰鬥。

## 建立「心理安全系統」以防長期攻擊後遺症

長期被攻擊會導致自我懷疑、情緒耗竭與社交信心崩盤。以下是三個心理安全支架:

- ◆ 反思日誌法:每天寫下「今天我面對了什麼衝擊,我怎麼回應?我還能怎麼回應?」這讓你從無意識受害轉為有意識學習。
- ◆ 信任圈協助:找一至二位能真實對話的夥伴,幫你校正情緒與判斷。不要自己對抗整個系統。
- ◆ 定期心理停損:若某環境長期讓你處於攻擊狀態,即使再多技巧也難以恢復,你需要為自己劃出退出機會與重新出發的預備路徑。

面對攻擊，你可以選擇不被牽動、不為對方情緒買單、不交出自我位置。這不是冷血，而是一種高敏感而堅定的心理韌性。

## 第三節　向上應對「假中立」與「表面好人」的話術

### 表面溫和、實則精準施壓的「假好人」現象

在職場中，最難應對的人，不是整天咆哮的主管，也不是擺明針對你的小人，而是那些總以關心口吻出現、卻讓你無法回嘴的假中立、假好人。

這類人擅長以下幾種話術：

- 我不是針對你啦，只是想提醒一下。
- 你做得很好，只是還可以再更努力一點。
- 沒事沒事，我沒說什麼，你不要往心裡去。
- 我只是轉達一下別人的看法，不代表我自己喔。

這些語言讓你進退兩難：反擊顯得你情緒化，不回應則容易被牽著走，形成一種無形而強大的心理壓力。

## 第三節　向上應對「假中立」與「表面好人」的話術

本節將從心理語言結構出發，拆解這類話術背後的控制意圖，並提供具體應對策略，幫你在保持專業的同時守住界線。

### 假中立話術的三種心理特徵

#### 1. 以「關心」為包裝的降維攻擊

這種語言的表面情緒是溫和的，但實質上是對你能力、態度、風格的下判斷。

例句：

◆ 我是覺得你這樣做應該有你的考量啦，但我自己可能不會這樣。
◆ 你最近看起來有點緊繃，要不要休息一下？

本質上是把主導權從你手中奪走，並暗示你「有問題」，同時不明說責任歸屬。

#### 2. 以「轉述」為掩護的攻擊代言

這種話術利用模糊他人為主體，來間接表達負面評價。

例句：

◆ 有人覺得你最近在開會時太常發言了。
◆ 其實也有人在討論你這次案子好像有點瑕疵，但你不用太在意啦！

這會讓你處於防禦狀態，卻找不到具體對象反駁，形成無效壓力。

### 3. 以「**客觀建議**」為名的主觀貶低

　　表面上在提意見，實則在操縱你認同他的觀點。

　　例句：

- 你這方案其實可以更成熟一點，我說這些是希望你好。
- 我覺得你還不夠客觀，我是站在整體角度來看的。

　　這類話語把批評合理化，並剝奪你平等發聲的空間。

## 高段位應對假中立話術的心理語言策略

### 1. 建立對話對等性，打破上對下語境

　　不要急著為自己辯解，先讓對方知道這是一場對等對話。

　　應對句式：

- 我理解你的想法，但我也想分享我的觀點，讓你聽聽不同角度。
- 謝謝你的觀察，我來補充我這邊的決策脈絡。

　　這類語言讓你保有尊重，同時取回話語權。

## 2. 要求對方具體化，破解模糊操控

當對方用「有人說」這類模糊話術時，請具體要求資訊來源。

應對句式：

- 我需要知道這個回饋的脈絡和出處，這樣我才能有效改進。
- 如果是重要建議，我們可以一起把它具體化處理。

這讓對方知道你不是可以隨便「轉述操作」的對象。

## 3. 鏡像式回應：讓對方看見自己的語言設計

這種方式不是針對語意辯駁，而是反映對方話語的結構問題。

應對句式：

- 你說只是提醒，但我感覺聽起來像在暗示我有錯。
- 你說不是你的意見，但你選擇說出來本身也有立場。

這讓對方意識到，你看得懂他的話術邏輯，不是容易操作的目標。

### 4. 情緒收斂與語調穩定：削弱對方心理優勢

不要用高情緒或委屈語氣回應，這會讓你失去掌控感。請用平穩、低語調的方式講出你的回應句。

心理上，這種語調會讓對方產生「他不是被打亂節奏的人」的印象，自然減少後續攻擊欲望。

## 心理底層的自我強化：
## 不讓他人操控你的內在定義

假中立與表面好人最常造成的後遺症，是讓你開始懷疑自己是不是太敏感，是不是反應過頭，是不是小題大作。

你必須建立三個內部信念：

### 1. 我有感覺，就代表有發生

即使對方否認或輕描淡寫，只要你感到不舒服，那就值得處理，不需被壓抑。

### 2. 我的觀點可以和他不同，也依然合理

對方說話的方式不是真理，你有權保留判斷與回應方式。

### 3. 我可以選擇不回應或延後回應

你不必在第一時間表態，也不需為所有話語找出答案。有些話，本就不值得花力氣處理。

### 把面具看懂，你就不再受它影響

真正成熟的人際應對，不是打敗誰，而是讓別人的話語無法穿透你的心理核心。當你能看懂那些被包裝過的語言邏輯、拆解假善意的社交話術，你就能在每一次微妙的人際較量中，不失溫柔，也不失分寸。

## 第四節　從心理戰轉向心理勝：情緒與理性的整合

### 從對抗到勝出，靠的是心理整合力

人際中的衝突、挑戰與暗戰，不一定是要你戰勝他人，而是要你不被自己情緒所吞沒、不被他人心理戰術所駕馭，進而在風暴中穩穩站住，讓局勢自然轉向。

現代社交已從單純的說話藝術、應對進退，進化成一場認知、情緒、能量與價值觀的整合修練。會輸的人不是不會說話，而是太快動情緒，太慢看清事實；太在乎勝負，太少設想後果。

這一節，我們將從心理戰的「輸贏思維」進入「整合模

式」，幫你打造情緒自我導航系統，在混亂中找到理性的支點，在激烈中保住內在的安定。

## 為什麼情緒容易讓你在關係中失控？

根據情緒神經科學研究，人在面臨人際攻擊、誤解或排擠時，大腦會自然進入「反應模式」，這種模式會強化以下傾向：

- ◆ 情緒放大：小事被放大為全盤否定
- ◆ 邏輯壓縮：理性推理能力下降，做出極端反應
- ◆ 自我價值懷疑：過度內省或責怪，導致退縮或反擊

當你陷入這種模式，哪怕說出口的話是「對的」，呈現出來的狀態也可能讓你在整體互動中處於劣勢。心理戰的本質是讓你被拉進對方設定的遊戲，而不是堅守你自己的規則。

## 四個「心理勝」的底層原則

### 1. 放下「我要證明我對」的內在需求

你並不需要在每場爭論中勝出。真正在關係中掌握主導權的人，不是急著爭辯對錯，而是擅長看出哪場戰該打、哪場該退。

記得，高階思維不是「贏得一場衝突」，而是「設計好自己怎麼退出衝突，並保有長期影響力」。

## 2. 讓理性先說話，情緒再決定形式

你可以生氣、難過、不甘願，但情緒不是拿來決定行動的，而是幫你確認什麼對你重要。

情緒的正確位置不是掌控，而是訊號。當你學會不立刻「開火」，而是先讓情緒「過濾、沉澱、指引」，你就從反應者變成設計者。

## 3. 保持「內部對話」優於外部對話

在情緒高漲時，請先啟動內部語言，而非對外輸出。內部語言可以是：

◆ 這句話背後真正刺痛我的是什麼？
◆ 如果我現在什麼都不說，最壞情況是什麼？
◆ 我是為了說服他，還是為了保護我自己的界線？

這讓你從語言的衝動跳出來，重新思考「行動與後果」的對應關係。

## 4. 以穩定節奏回應，重建心理主場

心理戰最常見的陷阱是「被對方節奏牽著走」。你必須用語言、肢體、情緒控制，重新建立你自己的節奏。

## 第十二章　當社交變成戰場：人際對抗與心理防禦

- 回應不急、語調平穩、句子結構清晰
- 不被打斷，也不急著主導
- 有需要時暫停回應，以建立「我選擇何時出手」的心理地位

## 三層心理整合實作法：從感受到行動的轉譯練習

### 層次一：感受承認（不是壓抑）

面對難堪、羞辱、被批評，你可以心中默念：

- 我現在確實感到不舒服
- 這讓我感到委屈與無力
- 我很想立刻反擊或離開，但我先停一下

這是讓你的大腦知道：我感覺到了，但我不是感覺本身。

### 層次二：理性重構（不是硬撐）

請用以下問題來導入理性系統：

- 如果我是站在第三人立場，這個場面怎麼解讀？
- 對方說的話，是否真的有改變我價值的分量？
- 我是否被帶往對方設計的戰場？還是我能創造我的出口？

這讓你開始用策略性視角審視情境。

## 層次三：行動選擇（不是本能輸出）

依據前兩層的結果，選擇三種「心理勝」的行動選項：

- 語言版：選擇不攻擊、不卑微的語言回應方式
- 空間版：選擇暫時中止互動、創造冷卻空間
- 進度版：選擇把事情延後處理，用時間重設情緒節奏

勝出不是當場的語言對決，而是你有沒有能力設計自己的節奏與反應。

### 社交最終的勝利，不是打贏誰，而是留下誰

在人際場域中，最終贏家不是口才最好的人，也不是最圓滑的人，而是那個情緒與理性合體，不為小事亂陣腳、也不為大局失本心的人。

你不一定要壓倒對手，但你必須穩住自己。當你不再被每一句話激怒，不再急於澄清，不再渴望被所有人理解，你的心理勝就已經開始。

# 第十二章　當社交變成戰場：人際對抗與心理防禦

# 第十三章
## 社交策略升級：
## 成為人際資源整合者

# 第十三章　社交策略升級：成為人際資源整合者

## 第一節　如何讓人脈自動連結你？

> 人際網絡的升級關鍵，
> 在於「被動吸引」而非「主動拓展」

在社交初階，我們學會怎麼開場、怎麼不冷場、怎麼拉近關係；到了進階階段，你需要開始思考一個新問題：怎麼讓別人主動靠近你？

這種人脈吸引力，不是靠運氣或天生魅力，而是你是否能成為一個值得連結的節點人物。人們會因為你具備某種資源、能力、視角或網絡，而願意主動找上你、介紹他人給你、甚至在背後提及你。

這一節，我們不講如何拓展人脈，而是教你如何設計自己的個人磁場與網絡特質，讓人脈自然來找你。

### 人們主動靠近你的三個心理驅力

**1. 他們相信你「會回應」且「回應有用」**

這是關於「可接近性」與「有回報性」。沒有人會持續連結一個總是既忙又冷漠的人；也沒有人會重複聯絡一個聊起來總是空泛無效的人。

你是否有這樣的口碑：

- 他講話少但每次都點出重點
- 她雖然忙，但有事總會幫你對焦
- 他人很好，但也會給你真實建議而不是敷衍

這些印象會讓你成為「值得打擾的人」。

## 2. 他們覺得你「在網絡裡有價值」

所謂價值不是地位，而是你能串聯什麼、促成什麼、轉化什麼。

- 你是資訊節點嗎？
- 你能幫忙介紹對的人嗎？
- 你有專業解方與觀點嗎？
- 你能激發新火花或整合不同資源嗎？

當你在別人的網絡地圖中，是「可以靠近就有幫助」的人，自然會被主動連結。

## 3. 你是心理上「好靠近」的人

這和性格或外向無關，而是你是否具備以下特質：

- 穩定性：不會忽冷忽熱，讓人心裡有底
- 安全感：說的話不亂傳、不帶偏見、不利用別人

◆ 無壓力：互動中讓人感到自在、不需過度表現或自我保護

這些會讓人覺得「跟你聯絡不會有風險」，連結成本低，自然就會靠近。

## 打造讓人脈自動連結你的五種社交設計策略

### 1. 明確你的「社交角色定位」

不要只當一個好人，而要當一個可定義、可描述、可召喚的人。你可以問自己：

◆ 別人會怎麼介紹我給朋友？
◆ 我的三個專業或價值關鍵字是什麼？
◆ 我的名字與哪三種場景最常被聯想到？

這些問題的答案，就是你在人際地圖上的定位。

定位模糊＝連結成本高。

### 2. 在人際地圖中「留下線索」而非「留下印象」

真正強的人脈網絡設計者，不是讓人說「他人很好」，而是讓人記得「他擅長談整合策略」、「她懂轉型溝通」、「他認識新創圈裡半數創辦人」。

你該問自己：

- 我最近說了什麼，讓人想再找我聊下去？
- 我上次發文，別人會轉給誰看？為什麼？
- 哪個領域的人最常主動找我？那是什麼信號？

讓人想得起你，就要讓你與某種資源掛勾。

### 3. 讓自己「可出現」而不「到處出現」

可見度不是曝光率，而是你在哪些場合、在哪些話題、在哪些時機會自然浮現。

你可以設計三個固定出現的場域：

- 專業社群或論壇：分享觀點，建立專業標籤
- 交叉產業小聚：參與連結，創造交錯資源
- 利他型活動：無償協助或貢獻經驗，創造認同感

不要把時間浪費在大量不對頻的曝光上，而要讓自己出現在對的人需要你的時候。

### 4. 建立「社交錨點」，讓人知道什麼時候該找你

如果你能讓別人知道什麼情境該找你，你就等於建立了一個心理召喚機制。

你可以用這種方式表達：

# 第十三章　社交策略升級：成為人際資源整合者

- ◆ 若你在處理跨部門合作卡住，我有幾個轉換策略可以給你參考
- ◆ 如果你在寫品牌定位簡報時感到卡關，我這邊有一些架構模板可以分享
- ◆ 當你要跟高層簡報卻不知道怎麼提案，我們可以聊聊設計語言策略

這些句子讓你從模糊的人脈，變成事件觸發型連結者。

## 5. 定期維護「低強度互動」網絡

人脈不是培養熱絡關係，而是維持低頻卻高質感的聯絡方式。

- ◆ 每季發一封內容信或主題訊息
- ◆ 每年挑一週主動關心五位過往合作者
- ◆ 每次看到適合對方的內容就轉給他說「想到你」

這些不是為了「經營」，而是在人們需要某種價值的時候，腦中會第一時間浮現你。

> 別再用「刷存在」維繫關係，
> 而是設計一套讓人來找你的系統

你不需要天天應酬、不需要狂加好友、不需要刻意維繫所謂的熟人圈。你只需要成為一個在心理上值得連結、在功能上有明確價值、在社群中有可信任框架的人。

當別人說「這件事我想先問問你」，或「我有一個人想介紹給你聊聊」，這才是你在社交策略升級後的真正信號。

## 第二節　社交影響力轉化為合作資本

### 能見度不等於合作力，社交資產要能變現才算數

在社交圈中，有些人總是出現在各大場合、社群、媒體，聲量很高、曝光很多，但問起與他合作過的人，卻很難聽到具體的專案或成果。相反地，有些人看起來低調，但每年都在參與、主導、串聯許多合作項目，實際影響力深且遠。

差別就在於：前者累積的是社交表層能見度，後者經營的是合作型社交資產。

# 第十三章　社交策略升級：成為人際資源整合者

影響力是吸引合作的開場，合作力則是影響力的變現方式。本節將從社交心理學與網絡資本的觀點，帶你了解如何將個人社交影響力轉化為具體合作關係、合作專案與長期互惠網絡。

## 社交影響力如何真正轉化為合作？三個必要條件

### 1. 從「受歡迎」轉向「可合作」

你可以很親切、風趣、受人喜歡，但這不代表人們想與你合作。真正促成合作的是以下三個因素：

- 可信任程度：這人答應的事，做不做得到？
- 整合能力：這人能否跨部門、跨界、跨資源溝通？
- 問題解決力：這人加入後，會讓事變簡單還是更複雜？

請記住，「好相處」只是入門票，「可合作」才是進場的條件。

### 2. 從「好人緣」轉向「角色清晰」

合作關係的建立需要彼此清楚知道對方能貢獻什麼，並且可預期、可互補。若你在人際關係中定位模糊，別人就難以邀請你合作。

請問自己：

- 別人知道找我，是因為我擅長什麼？
- 我在每段關係裡，是不是有穩定的功能角色？
- 我主動對外溝通過我可以協助的領域與邊界嗎？

合作是基於清楚認知與實際分工的結盟行為。

## 3. 從「參與活動」轉向「發起共事」

很多人以為「有去很多活動」就是社交積極，事實上，真正的合作機會多數來自於你是否有機會主導一場對話、一個專案、一段任務的發起與串聯。

不要只當出席者，要開始練習成為機會的提案者與合作場域的建立者。

## 影響力變現的五種合作資本型態

### 1. 專業共創型：知識整合，創造產品或內容

你可以與他人共創以下資產：

- 共筆文章或電子報
- 專題講座或工作坊
- 合作顧問計畫或聯名出版

這類合作建立在觀點互補、風格相近與目標一致的基礎上，能快速擴展彼此影響圈。

## 2. 資源對接型：你是橋梁，不是主角

當你無法親自參與時，也可以扮演資源對接者，例如：

- 把合適的人引薦給需要的人
- 把適用的工具或解法轉給卡關的夥伴
- 把尚未公開的資源分享給具信任的人選

這種合作看似低參與，但長期下來會累積強大的信任與影響加值。

## 3. 團隊補位型：你提供的是「穩定的合作角色」

例如你總是能擔任：

- 溝通者：協調意見與風格差異
- 紀律者：把專案收斂成可執行版本
- 行動者：負責推進專案完成的節奏

這類人是合作圈裡的低調卻無可替代者。

## 4. 品牌交錯型：共同曝光，彼此放大影響圈

這種模式強調雙方品牌特性可以互補，例如：

- A 的群眾是內容取向，B 則偏行動者→合作舉辦「讀後行動班」

◆ A擅長內容製作，B擅長社群經營→合作製作「專題影片」與跨平臺推播

交錯不只是曝光，而是讓彼此的強項在他人社群中被看見。

### 5. 關係再設計型：舊人脈新用法，重新激活

回頭找回那些「關係還在、但沒事做」的舊連結，重新盤點彼此目前可貢獻的領域，設計出新的合作模型。例如：

◆ 曾一起創業但解散的夥伴→合作辦一場經驗分享論壇
◆ 曾合作過設計專案的人→一起開發工具模板販售方案
◆ 曾是學長姐或同事→轉為共同諮詢顧問團隊

人際合作不需要從零開始，而是善用已有的基底再進化。

> 合作，不是擠進別人的計畫，
> 而是建立屬於彼此的交集

與其焦慮「要怎麼讓別人找我合作」，不如問自己「我提供的價值，是否已清楚且穩定？」、「我在關係中是否已展現出可靠性、可互補性與合作可行性？」

## 第十三章　社交策略升級：成為人際資源整合者

當你能把影響力變成合作可能，把社交能見度轉為實質行動場域，你就會從「關係消費者」轉變為人脈的價值創造者。

## 第三節　成為合作型連結者而非中心人物

### 中心人物不等於核心人物，真正強大的是連結者

在社交場域裡，我們常誤以為「被看見最多」、「總是發言最多」、「站在舞臺中央」的人，就是最有影響力的人。但實際上，在一個成熟的社群或組織中，真正產生價值的人，往往不是「中心人物」，而是那個讓大家彼此發生連結、產生行動的連結者。

這種角色不一定出現在鏡頭前、不一定聲量最大，卻總是在關鍵時刻推一把、穿一線、穩住局。

本節將帶你拆解合作型連結者的心理與社交機制，讓你在關係中不再只是互動的參與者或追隨者，而是成為促成合作、串聯資源、讓人信任與靠近的中繼核心。

## 中心人物與連結者的三項本質差異

### 1. 中心人物是關注焦點，連結者是能量傳導點

中心人物吸引資源；連結者則引導資源流動。前者像燈塔，後者像網路節點。一個人若只會吸納關注，卻不促進互動，很快會形成「過熱中心」，資源流失快、壓力大、支持少。

而連結者則是在各方之間建立心理橋梁，讓合作、信任、訊息與行動得以流通與實踐。

### 2. 中心人物需要被看見，連結者讓他人被看見

中心型思維強調自我曝光與主導權；連結型思維則強調創造舞臺與提升他人。後者的好處是：你雖然不在焦點中，卻在每場焦點發生的背後。

這會讓你在人際網絡中獲得「非主導型信任資本」，可穩定維持長期影響力。

### 3. 中心人物承擔全部資源壓力，連結者則擴散壓力

當你總是站在最前線，會吸收最多的攻擊與期待，時間一久容易形成心理耗損。而連結者則透過「資源分流」與「角色分散」，讓壓力不集中、不焦灼，而能長久穩定參與社群運作。

# 第十三章　社交策略升級：成為人際資源整合者

## 合作型連結者的五項核心能力

### 1. 察覺潛在連結的能力

合作型連結者不只是「幫誰介紹誰」，而是看出誰和誰互補、哪個話題可連結哪個資源、哪場對話該由誰補充才完整。

這需要的是：

- 觀察對話內容與情緒暗示
- 記憶每個人的能力輪廓與互補特質
- 對專案與目標具備宏觀理解力

這種能力不是資源擁有者，而是「關係設計者」。

### 2. 建立「可串聯信任」的語言風格

你需要讓他人覺得，經你引介是安全的、有價值的、具備對等尊重的。

引介話術如：

- 你們倆剛好都在做 B2B 銷售體驗轉型，我覺得你們的風格會有化學反應。
- 這位朋友擅長把模糊的概念落實成邏輯架構，而你剛好在這方面卡關，我覺得很值得聊聊。

- 她不太愛社交，但在策略層面非常細膩，如果你們可以合作一次會很精采。

這些語句會讓他人對你產生橋梁性信任，願意接受你所創造的互動情境。

### 3. 精準管理互動節奏與界線

你不必事事參與，但你要讓大家知道你會「設計互動」、「不插手但守好場」。

- 不過度涉入他人合作細節
- 適時提供資源與建議
- 留意節奏過快或過熱時主動降溫

這些會讓你被視為「溫度調節者」，而非操控型牽線者。

### 4. 打造「低中心度高密度」的關係地圖

這代表你不需要與所有人都建立深度連結，但你與每個人都維持一種清晰且可運作的關係頻率。

操作方式包括：

- 分群管理不同圈層（如創業圈、心理圈、設計圈）
- 每季點名式關心主動觸發互動

## 第十三章　社交策略升級：成為人際資源整合者

◆ 使用社群工具記錄與標記人脈狀態（如 Notion、CRM 或手寫本）

這讓你能快速調動適合資源，並在必要時觸發合作行動。

**5. 善於退場與接手的彈性角色意識**

當一段合作進入穩定期，合作型連結者會選擇適時退出，把主導權交回當事人，或轉為顧問型角色。

這樣做的好處是：

◆ 讓當事人有成就與空間
◆ 維持人脈網絡的動態平衡
◆ 保留自己作為備援角色的彈性與餘裕

合作的最高階，是你不在場但仍持續發揮影響。

## 你不必當主角，也能是人際舞臺的建築者

不要再羨慕那些站在聚光燈下的人，你可以是那個設計光源、引導觀眾、安排對話與促成故事展開的導演。

當你不再追求曝光，而是追求每一次連結都能創造更大的意義與信任時，你就不再是社交中的消耗者，而是真正的整合者。

## 第四節　幫人搭橋，也讓自己成為通道

> 真正的人脈高手，是讓資源在他人之間流動的橋梁

當你能不以自己為中心、不占有關係、不壟斷資源，而是願意幫助他人產生連結、解鎖潛在合作、讓機會在彼此之間流動時，你就不只是參與者，而是整個社群網絡的通道角色。

在這樣的角色定位下，你不必每次都親自主導什麼，但每一次你願意搭橋的行為，都在積累長期的信任資本與網絡價值。

本節將帶你進一步理解「搭橋」這個行為的社交心理效應，並教你如何設計一個「自己成為通道」的機制，讓社會資本不只是來自你掌握什麼，而是來自你讓誰變得更強。

### 為什麼「搭橋」這件事會讓你變得不可取代？

**1. 你成為他人成功故事中的關鍵角色**

在人際記憶中，對一段合作關係的起點總是特別有分量。如果你正是那個促成兩人第一次對話、兩間公司第一次

合作、兩群專業第一次相遇的人,你的名字會被刻進成果的起源中。

這不只是人情,而是記憶中的心理鍍金效應:人們會更珍視那個帶來機會的人。

## 2. 你建立的是「非控制型信任」

搭橋行為最大的價值在於:你讓人們獲得幫助,但又不構成壓力與依賴。

你不是第三方介入者,也不是自居仲裁人,而是一個信任的觸發器。

這種「給了影響,卻不主導過程」的模式,最容易讓人放下戒心,願意長期接近你。

## 3. 你創造的是「關係的總資產增加值」

很多人誤以為幫助別人會削弱自己的人脈,其實完全相反。當你成功促成一段高品質的連結,彼此的信任感與認同感會自然回流給你。

這就像打造一座「自動灌溉的人脈水庫」:你一次搭橋,之後的每一滴水都可能再次流向你。

## 如何有效「搭橋」？
## 五種實戰策略與話術

### 1. 找對契合點，而非強行媒合

在你想介紹兩人認識前，請務必確認：

- 他們是否關注同一議題或目標？
- 他們的個性互動是否可能融洽？
- 他們當下是否有餘裕開展新關係？

話術建議：

- 我想你們對○○議題的切入點有點相似，可以交流看看。
- 我知道你最近在做○○，而他在那部分很有經驗，也許能給你不同視角。

搭橋的起點要有共同語言，才會接得住。

### 2. 以「開放式引薦」取代「強制連結」

有些人喜歡直接開群組、拉進通話，這種方式容易讓雙方有壓力。更推薦的做法是：

- 提前詢問對方是否願意認識某人
- 給出簡要背景資訊與引薦理由

## 第十三章　社交策略升級：成為人際資源整合者

- 開放對方自由選擇是否接觸

這樣做不只尊重，也讓你的搭橋更具信任感。

話術建議：

- 如果你覺得適合，我可以牽個線，讓你們彼此看看有沒有火花。
- 他對你這個主題也很有興趣，如果你覺得好，我可以介紹你們聊聊。

### 3. 搭完橋之後持續觀察，但不干涉

引薦成功後，你的角色不是繼續追問進度，而是維持關心但不介入的中立位置。

你可以這樣操作：

- 私下問一聲是否聊得順利，表示關心
- 若對方需要後續支援再提供意見
- 把這段連結視為「讓彼此強大起來」的成果，不是你該獲得什麼

這樣的態度讓你保有長期影響力，也不會在他人關係中留下控制陰影。

## 4. 善用「主題型活動」創造多對多搭橋場域

搭橋不一定是兩人之間,也可以是你設計一場活動、一個對話空間、一個社群聚會,讓有潛力的人彼此碰面。

這樣的設計會讓你變成場域的催化劑,不只產生一次搭橋,而是同時啟動多組人脈流動。

操作建議:

- 每季舉辦一次主題性午餐或交流會
- 設計小規模對話圈(6～8人),以議題為主串聯背景不同的人
- 協助後續小組持續互動,如建立社群、記錄對話等

## 5. 記錄你的搭橋行動,建立「關係地圖」

長期搭橋後,你會逐漸遺忘曾經牽起過的連結,也難以追蹤哪些資源尚未被妥善引導。

請你建立自己的搭橋筆記本,記下:

- 搭橋對象與日期
- 搭橋理由與話題
- 結果是否成功連結,有無後續進展

這不只是回顧工具,更是你個人社交設計的影響檔案。

## 第十三章　社交策略升級：成為人際資源整合者

> 你不是關係的主人，而是讓價值流動的通道

當你從「占有式人脈經營」轉向「串聯式關係創造」，你就不再只是那個在社群裡想爭取資源的人，而是那個讓資源自然流向你與他人的節點人物。

這才是人脈經營的最高階：你從來不掌控誰，卻因為讓更多人變得更好，而被牢牢記住。

# 第十四章
## 打造你的社交風格與人設形象

### 第十四章　打造你的社交風格與人設形象

## 第一節　印象管理：打造記憶點與人格標籤

### 社交不是讓人喜歡你，而是讓人記得你是誰

在這個訊息密度極高、接觸機會極快閃的社交時代，真正能建立人際資產的，不是你說了什麼，而是人們能不能準確地描述你、記得你、甚至主動提到你。

如果你問身邊的朋友：「你覺得我是什麼樣的人？」他們回答得出來嗎？是模糊的「很好相處」？還是明確的「總是讓事情有邏輯的人」？

這一節，我們將透過印象管理與人格標籤，幫助你有意識地建立一組讓人容易記住、願意連結、樂於轉介的社交人格印象。

### 為什麼「記憶點」比好感度更重要？

#### 1. 社交記憶是選擇性的

心理學指出，人類大腦在社交互動中會優先記得兩種訊息：

- 與情緒相關的印象：例如「他講話超有精神」、「她總是讓人放鬆」
- 與功能角色有關的印象：例如「他超會組織討論」、「她很會幫人聚焦問題」

這兩類訊息在大腦中會建立快速回憶迴路，也就是當需要那種人時，會自動想起你。

而單純的好感，若沒有對應的記憶點，是不會長久存留的。

**2. 沒有標籤的人，難以進入社交傳播鏈**

在社會連結中，多數人介紹朋友的方式，都是基於人格標籤與記憶點：

- 「你應該找他，他很擅長把抽象想法整理成清單。」
- 「她是那種超穩重的人，讓她加入小組會有安全感。」

若你沒有明確的人格標籤，別人想介紹你、提起你，甚至只是想起你，都是一種心理負擔。

## 打造個人印象管理的三個心理支點

### 1. 打造「角色定位詞」

請為你自己設定三個明確的角色定位詞，這些詞應該符合以下條件：

## 第十四章　打造你的社交風格與人設形象

- 有功能性（能解決什麼問題）
- 有辨識性（與他人區隔）
- 有傳播性（容易被轉述）

例如：

- 整合型提案者
- 團隊調節者
- 細節執行高手
- 創意輸出機器
- 穩定推進者

這些詞不是你的職稱，而是你在互動網絡中的實用人格標籤。

### 2. 使用「社交標語」重複輸出自我定位

你的自我介紹、社群頁面簡介、與人初次互動的對話，都應該重複輸出這樣一句話：

- 我平常主要協助○○領域的專案，擅長把模糊需求變成具體策略。
- 我大概就是那種喜歡讓事情有節奏、有步驟，然後如期完成的角色。
- 我的風格比較像是創意爆炸型，適合開場破冰或內容激盪。

這種高概念的社交標語會在對方心中留下明確位置與召喚印象。

### 3. 在社群與實體場景中同步輸出人格特質

如果你在社群上看起來冷靜理性，但實體活動中總是感性熱情，會讓他人產生印象錯位，削弱心理一致性。

請務必讓你的文字、語調、回覆風格、照片、互動頻率與你的角色定位一致。

## 五種人格標籤設計範例與應用情境

### 1.「穩定型合作者」

描述詞：可信任、低情緒波動、行動踏實

使用場合：團隊合作、專案統籌、長期合作邀請

介紹語句：

◆ 他是那種不會被亂流影響的人，很適合接長期案子。
◆ 她說話不多但很有分量，交代的事都會做到位。

### 2.「突破型策略師」

描述詞：創意強、善於看破盲點、有系統感

使用場合：產品規劃、新創案發想、跨界整合任務

## 第十四章　打造你的社交風格與人設形象

介紹語句：

◆ 如果你覺得專案卡住了,可以找他,他會跳出框架幫你重組。
◆ 她的建議不只是點子,還會幫你找到實踐方法。

3. 「轉譯型溝通者」

描述詞:傾聽力強、語言清晰、善於協調立場

使用場合:部門橋梁、內外溝通、複雜專案合作

介紹語句：

◆ 他很會把技術人講的東西翻譯成大家聽得懂的版本。
◆ 她總能幫助不同部門對焦,避免吵架。

4. 「高能量啟動者」

描述詞:氣氛帶動者、快速凝聚群體感、能把人聚起來

使用場合:活動主持、社群經營、初創專案組成期

介紹語句：

◆ 他總是讓整個空間活起來,是很強的啟動角色。
◆ 她很適合做活動起手式,能夠帶出節奏。

5. 「精準型執行者」

　　描述詞：重視細節、目標導向、擅長排程與進度控管

　　使用場合：任務推動、專案管理、執行負責人角色

　　介紹語句：

◆ 他不會給你太多話，但結果總是準時交出高品質成品。
◆ 她是可以放心交辦的人，細節處理得很到位。

> 你不是成為最耀眼的人，
> 而是成為記憶裡最明確的人

　　在社交關係裡，模糊等於被忽略，不被記得等於不被選擇。你不需要做很多事情來刷存在，而是要設計出一種讓人記得你、理解你、可以描述你的方式，進而成為可召喚、可合作、可信任的長期資源節點。

## 第二節　社交形象的心理定錨策略

### 社交形象，不只是被看見，而是被「定位」

你曾經想過嗎？為什麼有些人一出現，就讓人自然歸類為「值得信賴的人」、「主導型人物」、「溝通橋梁」；而有些人，哪怕出現再多次，還是無法讓人清楚記得他是誰？

這不是單純的外貌、表達或社交技巧，而是心理定錨的結果。社交定錨，是一種透過反覆訊息、行為風格與角色定位的輸出，讓他人對你產生穩定認知與期待的過程。

這一節，我們將透過心理學觀點，帶你了解社交定錨的四大原則與五種策略應用，幫你建立清晰、穩定、具備轉化能力的社交形象。

### 社交形象心理定錨的四大原則

#### 1. 首次印象是起點，不是終點

心理學中的「初始效應」指出，人們對一個人的最初認知具有高影響力，但後續行為與互動若不持續加強，原本的印象會自然淡化或模糊。

也就是說，第一印象不如後續行為的一致輸出重要。

## 2. 定錨印象必須簡單明確，且便於流傳

人腦的社交記憶偏好標籤化訊息，例如「他是那種一問三不知的人」、「她講話總很有條理」。如果你的形象太過多變或複雜，會讓人難以建構記憶模型。

你需要的是讓對方在心中出現一句話：「他就是那個⋯⋯」然後可以自然接上特徵句。

## 3. 定錨來自反覆出現，而非一次表現

形象不靠高光時刻建立，而是來自小而一致的出現方式。從語言風格、回應速度、對話邏輯、處理事情的手法，每一個微行為都是強化定錨的一部分。

就像品牌一樣，你的社交形象是由一致風格反覆輸出所累積。

## 4. 定錨不是塑造完美，而是創造預期值

真正強的社交定錨不是讓人覺得你無所不能，而是知道你在什麼狀況下可以信任你、找你、仰賴你。

請記得：預期清楚，比能力強大更重要。

## 第十四章　打造你的社交風格與人設形象

### 建立社交定錨的五種心理策略

**1.「場景搭配」策略：讓你的形象與特定場景綁定**

選定幾個你想被記住的社交場景，並持續在這些情境中出現，讓人形成「只要這種場合，就會想起你」的聯想模型。

舉例：

- 你總是負責主持開場、協助破冰→他是活動啟動型人才
- 你總在會議中負責統整觀點→她很適合做結構整理
- 你在社群裡常分享知識地圖→他是學習資源型朋友

印象的場景化，比純粹自我標榜更有記憶效果。

**2.「語言強化」策略：用關鍵句定型人格印象**

設計幾句代表你的社交語言，並在適當情境中不斷使用，讓人熟悉你的語氣與態度。

舉例：

- 「讓我們先拆解一下這個問題的邏輯」→結構導向者
- 「不如我們先做個小測試，看看會怎樣」→行動啟動者
- 「這樣說其實我懂，不過也許可以換個講法」→溝通調和者

這些語言在日常中會逐步形成你在人際系統中的語言形象。

## 3.「小行為一致性」策略：用細節建立可靠印象

人們觀察你是否可信、是否專業、是否值得合作，常常不是來自你說了什麼，而是來自你是否每次出現都穩定如一。

可練習的小細節包括：

◆ 是否準時、是否回應快速
◆ 是否回覆語氣穩定、字詞專業
◆ 是否每次討論都能補充觀點或資源
◆ 是否能在情緒張力中保持風度

這些小行為會逐步強化你在他人心中的預期模型。

## 4.「第三方語言」策略：讓他人幫你說話

最有效的形象定錨，來自他人口中對你的敘述。

你可以透過以下方式讓這種語言自然發生：

◆ 在合作後主動詢問：「你覺得我在這次專案中扮演的角色是什麼？」
◆ 與熟悉夥伴練習「三句形象轉述」，請對方用三句話說出你的特點
◆ 提供協助後總結：「如果以後你們遇到○○類的問題，隨時找我。」

這會形成可轉述、可記憶、可流通的人設語言。

5. 「負面修正」策略：主動管理誤解與模糊印象

若你過去曾被標籤成不準時、太自我中心、溝通不順等形象，你不需辯解，但可以透過行為反轉進行修正定錨。

舉例：

◆ 主動說：「我之前太急了，這次我們慢慢來、想清楚再決定。」
◆ 用具體行動改變預期，例如提前交件、主動溝通、避免模糊語言

心理學研究指出，人們對主動修正與真實轉變具備高度接受度，只要方式自然，不會破壞原有人設。

## 形象的穩定來自一以貫之的心理預期管理

你無需刻意「打造」一個你不是的人，而是要有意識地讓真實的你以可辨識、可重複、可預期的方式出現在他人眼中。定錨，是一種誠實而自律的社交設計。

當人們開始這樣描述你──「他每次都能讓事情往前走」、「她就是那種想事很周全的人」、「找他談總是有收穫」──你的人設形象，就已在他們心中穩穩扎根。

# 第三節　一致性與彈性兼具的社交人格塑造法

## 「做自己」與「適應環境」真的矛盾嗎？

在社交場域中，有一個長期困擾許多人的矛盾是：我要堅持自己的風格，還是要配合他人的期待？我要像個品牌那樣保持一致，還是學會靈活切換角色？

事實上，真正成熟的社交人格，並不追求極端的一致性，也不依賴毫無原則的彈性，而是能夠在不喪失自我核心的前提下，進行適度的場景轉換與溝通風格調整。

這一節，我們將從人格心理學與情境適應理論出發，帶你建立一套同時兼顧一致性與彈性的社交人格建構法，幫助你在人際網絡中既可靠、又有溫度。

## 為什麼你需要一致性？又為什麼需要彈性？

### 1. 一致性讓你建立「信任預期」

在社交心理學中，信任的基礎不在於喜歡，而在於可預測性。當他人知道你會如何反應、如何決策、如何回應壓力

時，才會對你產生真正的信任。

一致性來源於：

- 行為習慣的穩定（如守時、回覆風格）
- 語言風格的清晰（如結構型語句、敘事順序）
- 處事邏輯的透明（如決策依據、價值取向）

這些讓你在團體中被視為可以長期合作與信賴的角色。

## 2. 彈性讓你具備「社交適應力」

然而，若一個人完全僵化於自己的風格，不管對象或場合為何都如出一轍，就會被視為難以溝通、不懂場合、不具人際敏感度。

彈性來自於：

- 聽懂不同風格的語境需求
- 調整表達方式以減少誤解
- 根據互動關係的親密度調整敘事方式

彈性讓你在不同情境中不被拒絕、不被誤解、也不被排斥。

## 社交人格設計的三個層次：從核心到邊界

### 第一層：人格核心（不變）

這是你的價值觀、原則、行為底線。不管場合怎麼變、角色如何轉換，你都不會違背這些內在準則。

例：

- 不說謊、不傷人、不利用關係
- 尊重他人時間與承諾
- 誠實表達但不攻擊性直白

人格核心是你社交風格的「原點」，所有的互動都要以此為出發點。

### 第二層：風格模組（可調）

這是你的人際互動方式，包括語氣、話題、節奏、溝通媒介等。

例：

- 在面對主管時使用邏輯先行＋目標導向的語言
- 與同儕相處時加入幽默與移情性敘事
- 在公開場合中刻意收斂語速與語言修辭

## 第十四章　打造你的社交風格與人設形象

風格模組可以視為你根據場合與對象調整的社交介面,但不能違背核心。

**第三層：角色策略（情境切換）**

這是你在不同人際場景中採取的社交角色策略。例如：

- 在專案初期你是「整理者」
- 在衝突時你是「調解者」
- 在陌生場合你是「觀察者」
- 在活動中你是「啟動者」

角色策略的重點不在於你扮演什麼,而是你是否知道這角色背後的功能與責任,並能做到有始有終。

## 如何練習穩定中帶有彈性的社交風格？
## 五種實務操作法

**1. 制定「三不變」原則,守住人格核心**

請寫下三件你不論在任何社交場合都不會違背的行為原則。例如：

- 不講對方不在場時的壞話
- 不用情緒壓迫別人配合自己

◆ 不強求共識,但堅持尊重差異

這些原則成為你社交風格的一致性基石。

## 2. 設計「三變項」風格模組,提升彈性適應力

針對不同場合,設計三種你可以調整的社交模組。例如:

◆ 公開演講風格:清楚結構+故事引導
◆ 小組會議風格:快速摘要+提問拉引導
◆ 私人對話風格:減速語調+用心聆聽

這些模組讓你能夠保持風格穩定,又不被視為僵化。

## 3. 定期做「角色切換自評」

每次大型互動或合作後,問自己三個問題:

◆ 這次我呈現了什麼樣的社交角色?
◆ 有哪個地方我太過用力或過於保守?
◆ 如果下次再遇到類似場景,我可以怎麼微調?

這個反思過程能幫助你從自我意識中找出彈性成長空間。

## 4. 建立「他人視角校準機制」

請找三位熟悉你的人,請他們分別說出:

◆ 他們眼中你最穩定的三個特質

## 第十四章　打造你的社交風格與人設形象

◆　他們希望你在哪些互動風格上更有彈性
◆　他們感受到你在哪些場景表現最自在

這是建立社交自我校準與多點回饋迴路的關鍵方法。

### 5. 設定「風格鍛鍊場」進行非舒適練習

找一個你平常不習慣的社交環境，設定小目標進行練習：

◆　你平常是聽眾→嘗試成為主導提問者
◆　你偏好結構化→嘗試在聚會中進行無結論對話
◆　你較內向→嘗試主動介紹自己與破冰三人以上

這些實驗會讓你逐漸具備「保有自己但能打開自己」的能力。

## 人格不是一套模板，
## 而是一種穩定又可呼吸的社交姿態

你可以是一棵樹，根穩穩地扎在地裡，風來了也能搖曳，陽光照下來時也能展開枝葉。真正成熟的社交風格，是你能穩定地被人理解，又能靈活地讓人靠近。

當你在人際互動中開始被說「他很有自己風格但很好合作」、「她不會讓人有壓力但又很有力量」，那就代表你已經成功地將一致性與彈性轉化為可持續的人設形象與合作基石。

## 第四節　如何建立「你是什麼樣的人」這種穩定印象？

>「你是什麼樣的人？」
>這是一場長期記憶的建構工程

　　你可能聽過別人這樣介紹某人：「他就是一個不會拖延的人」、「她總是說到做到」、「他不多話，但很可靠」。這種描述看似隨口，實則是一種深度社交印象定錨的成果。

　　如果你無法讓別人清楚地說出「你是什麼樣的人」，那麼不論你擁有多少技能、累積多少關係，都很難進入別人決策的優先清單。

　　本節，我們將解析穩定人設印象的心理邏輯、五種行為累積策略，以及如何讓這種印象在不同場域中自然擴散，讓你在人際地圖中不只是存在，而是占有明確座標與角色記憶點。

## 第十四章　打造你的社交風格與人設形象

為什麼建立「穩定印象」比任何話術都重要？

### 1. 穩定印象是關係記憶的錨點

社交網絡運作的核心不是人脈的數量，而是你在每段人際互動中被標記的角色與價值。這些標記會成為他人召喚你、推薦你、與你合作的理由。

例如：

◆ 「這件事你該找她，她做事最細」
◆ 「我們專案缺一個有節奏感的推進者，我想到的是他」
◆ 「如果你想聽真話，找他最直接」

這些印象若不穩定或模糊，就會讓你在關係地圖中「存在但無法被使用」。

### 2. 穩定印象建立信任的「心理捷徑」

根據行為心理學，人們在時間壓力或資訊過載情境中，會依賴熟悉的特徵與印象做決策。也就是說，他們不見得選最厲害的，而是選「印象最穩定且可預期的」。

因此，建立「這個人是什麼樣的人」的清楚印象，不只是社交形象工程，更是一種進入他人優先合作順位的心智槓桿。

## 建立穩定人設印象的五種長期累積法

### 1. 重複輸出「高頻詞語」建構個人關鍵語彙

你希望別人怎麼描述你？請選擇三到五個你想被記住的形容詞或概念，並在各種場合自然重複輸出。

舉例：

- 整合者、實踐派、策略型行動者
- 有節奏感、說話有邏輯、溝通真誠
- 移情、專業、不多話但說到重點

請將這些詞語運用在以下場合：

- 自我介紹
- 社群簡介欄位
- 寫信開場或結尾用語
- 在介紹自己時的情境舉例

記憶的塑形來自語言的一致與重複。

### 2. 透過「預期行為」建立長期印象穩定值

與其承諾太多，不如讓別人知道你做事有固定節奏與邏輯。例如：

## 第十四章　打造你的社交風格與人設形象

- 永遠準時交件的人→時間預期穩定
- 總是開會結尾能整理出三點重點的人→結構穩定
- 不管誰提問都會誠實回答的人→態度預期穩定

這些「可以預期的行為」是人們最信任的印象來源。

### 3. 在關鍵時刻展現「人格特質的深度一致性」

社交印象的加分時機，不在日常互動，而是發生在以下情境：

- 別人犯錯時你怎麼回應
- 你自己出錯時是否負責
- 意見不合時你能否保持尊重
- 他人臨時求助時你能否誠實給出建議

這些「壓力測試時的行為」會強化或摧毀你過去所有形象累積。

請務必在這些關鍵時刻維持情緒、態度與行動的一致性。

### 4. 善用「第三方話語」讓印象擴散而非自說自唱

請記得：真正可擴散的穩定印象，不是你自己說的，而是別人會怎麼描述你。

請定期建立以下社交場景：

- 在合作結束後問對方:「你覺得我最讓你印象深刻的是哪一點?」
- 鼓勵他人轉述你在專案中的貢獻點
- 在群體中主動為他人說出他的角色,也讓他自然回饋你

這種第三方互述會形成一種印象的交叉強化迴路,使你在更多人眼中變得立體且可預測。

## 5. 累積「小可預期」成就社交人格穩定感

人們記得的不是你的每一次表現,而是你在每一小件事上都沒讓人失望。

請讓這些事成為你的「社交穩定小指標」:

- 回訊息有邏輯、有節制、不失禮
- 在群體場合中讓人安心、不搶風頭
- 答應的事不拖延、不推託、做得剛剛好
- 意見不同也能堅定又溫和地說出來

這些細節決定別人心中那句話的最後一個形容詞是什麼。

# 你在別人心中的「定義句」,決定你的長期社交命運

「你是什麼樣的人?」這句話的答案不是你說了什麼,而是你讓人看到了什麼、感受到了什麼、記住了什麼。你可

## 第十四章　打造你的社交風格與人設形象

以選擇讓這句話變得隨機而模糊,也可以選擇透過語言、行為、邏輯與情緒的一致表現,打造屬於你的定義語句。

當某天你聽見有人對你這麼說:

- 「他就是那種你可以完全交付、不擔心的人」
- 「她總是在我最需要幫忙時,說話最精準的人」
- 「他雖然話不多,但總是在對的時候說對的話」

你的人設,已在這個社交世界裡完成了真正的實踐。

# 第十五章

## 讓社交變現：

## 人脈的價值與轉化實戰

# 第十五章　讓社交變現：人脈的價值與轉化實戰

## 第一節　人脈變現不是利用，是互利循環設計

### 社交的終點不是聊天，而是共創價值

在這個充斥著「拓展人脈」、「刷存在感」、「參加圈內活動」的社交時代，我們常聽見一個問題：「我認識那麼多人，為什麼卻沒辦法真正獲得幫助？」

答案很簡單：你的人脈沒有變現，不是因為別人不夠給力，而是因為你沒有設計好互利的結構。

「變現」不是指金錢化或商業交易，而是指一段人際關係是否能產生可見的價值結果，不管是知識、行動、合作、推進、曝光還是情感支持。

本節，我們將帶你拆解「人脈變現」的錯誤迷思，建立一套以互利為核心的社交循環設計模型，讓你的人際連結真正成為長期可持續的價值系統。

第一節　人脈變現不是利用，是互利循環設計

## 「變現」不是占便宜，而是讓雙方都變強

### 1. 錯誤的變現觀念：把人脈當作提款機

「我現在需要幫忙，馬上來找這位以前認識的朋友試試看。」「我參加這個活動就是為了找個人合作。」

這種單向使用、臨時提領、功利導向的行為，會讓人際關係快速損耗，甚至導致信任崩盤。人脈不是工具，而是一種經營後才能轉化為價值的資本。

### 2. 正確的變現觀念：先創造流動，再收穫成果

你應該這樣思考：「我如何讓對方在與我互動後，能獲得新的資源、視角、信任或合作？」、「我能成為什麼角色，讓這段關係自然地形成互利循環？」

當你先提供價值、串聯機會、打開可能性，變現就會以互惠的形式自然而然地出現。

## 建立「人脈變現的互利循環系統」的五個實戰設計

### 1. 價值輸出的「前置投資模型」

變現的前提不是需求，而是你過去是否做了「價值前置投入」。

請問自己：

- 我過去是否主動提供過建議、資源或連結？
- 我是否曾在對方低潮時主動協助？
- 我是否常在無利益時就展現合作意願？

這些累積行為形成的是一種「心理信用帳戶」，當你未來需要支援時，它將成為關係提領的合法基礎。

## 2. 設計「合作鉤子」而非直接請求

不要只說：「我現在需要幫忙」、「能不能介紹某人給我」。改為這樣的說法：

- 「我最近在籌備一個專案，覺得你某段經驗會很關鍵，不知道你願不願意共想看看？」
- 「我發現你曾處理過類似議題，有沒有機會讓我請教、也一起設計個可能的做法？」

這種邀約方式，讓對方不是被利用，而是被邀請參與創造價值，形成正向心理認同。

## 3. 善用「中介角色」創造三方互利場域

如果你不是直接的需求者，可以設計三角互利場景：

- 你介紹 A 與 B 認識→A 得到合作機會，B 獲得信任人脈→你建立高信任感與人脈擴張權

### 第一節　人脈變現不是利用，是互利循環設計

◆ 你整合資源提供給某活動→活動方提升內容力，觀眾有收穫→你獲得曝光與合作邀請

透過這類「非直接交易但價值交換密度高」的場域，你不只建立人脈信任，更創造多方資本流動網絡。

### 4. 形成「報酬循環」而非一次性互動

最穩定的人脈變現關係，是建立在不對等但彼此補位的長期互動。例如：

◆ 你協助對方專案設計，他幫你做品牌曝光
◆ 你給他職涯建議，他之後介紹案源給你
◆ 你協助他拓展人脈，他在你辦活動時支援資源

這種非對價但高互惠頻率的關係，最容易成為持續變現的價值資本圈。

### 5. 用「社交價值自動擴散機制」提升變現機率

請設計一套讓你的價值可以「被人記得、轉述、召喚」的系統：

◆ 明確自我介紹語言（你是誰，擅長什麼，正在做什麼）
◆ 社群內容呈現出可合作切入點與價值主張
◆ 在對話與活動中輸出可共創的空間與議題

第十五章　讓社交變現：人脈的價值與轉化實戰

當人們開始這樣說：「這件事我想到可以找你」、「剛好有個人我覺得你們會合」，變現就進入了主動發生的自然循環階段。

### 你不是去向人脈要價值，而是去讓價值發生

當你不再把「變現」當作一種向外取得的行為，而是看成「在每段互動中設計雙方都變強的循環過程」，你會發現自己不需要費力求助，也能自然成為合作優先被提起的對象。

這不是運氣好或關係硬，而是你從一開始就用設計心態在經營人脈。

## 第二節　成為合作邀約的首選對象

### 你會不會被邀請，不是看你有沒有料，
### 而是看你讓人有沒有信任感

許多人誤以為，要成為別人合作名單的首選，就要有最亮眼的經歷、最驚人的作品、或是最多的資源。但事實上，別人在考慮合作人選時，真正放在第一順位的標準是：你讓

## 第二節　成為合作邀約的首選對象

我覺得可以一起完成這件事嗎？

合作不是選最強的，而是選最有可能讓事情變得可行的那個人。

本節，我們將解析如何從「被看見」到「被邀請」，進一步建構成為合作首選對象的六大社交心理關鍵條件與實踐策略，讓你的人脈網絡開始為你自動生成行動邀約與價值機會。

## 成為「合作首選」的心理機制

### 1. 心理安全感比能力強大更關鍵

人們在決策合作對象時，內在真正問的是這三個問題：

- ◆ 他會不會讓事情變複雜？
- ◆ 他能不能把事情帶往前？
- ◆ 和他一起合作會不會讓我很累？

答案如果是負面，那怕你再有天分、再有履歷，也會被放入「保留觀察」而非「優先合作」的清單。

因此，你要提供的是可預期、低風險、好溝通的合作感受。

第十五章　讓社交變現：人脈的價值與轉化實戰

### 2. 角色辨識清楚，就容易被召喚

在群體記憶中，若你的人設模糊，就難以進入「合作聯想鏈」。只有當別人能很快地說出：「這件事應該找誰」並馬上想到你時，你才會被列入合作名單。

這就是為什麼清晰的人格標籤與社交定位比全才還要實用。

## 六個讓你變成「首選合作對象」的實戰策略

### 1. 穩定展現「合作型人格特質」

合作型人格有三大心理特徵：

- 溝通順暢：能夠傾聽、整合不同意見、快速對焦
- 責任感強：答應的事一定完成，不找藉口、不逃避
- 節奏可控：進度明確、過程透明、不造成其他人壓力

你不需要主動說自己是這樣的人，但請在每一次實作中用穩定的行為與語氣輸出這些感受。

例：

- 「我這邊先把目前進度整理好，讓你接手時比較順」
- 「你有任何不清楚的，我這邊可以再對一次」
- 「我這次的部分已經排到〇月〇日前完成，你可以放心規劃下階段」

## 2. 建立「預測性高」的行為模式

預測性高的人，會讓人覺得跟你合作沒意外、沒爆雷、沒後顧之憂。

這包含：

- 每次都提早交件或準時回覆
- 不讓對方追進度，而是主動告知狀況
- 能夠自我校正方向，不需要太多指導

這種合作感受會讓你成為心中穩定度最高的人選，即使不是最亮眼，也會被視為「這次合作不容出錯，找他就對了」。

## 3. 傳遞「非競爭性合作訊號」

許多合作在未開始前就破局，是因為彼此擔心對方會搶風頭、搶資源、搶控制權。

若你想成為合作首選，就必須在語言與行為中不斷釋放以下訊號：

- 「我這邊只是補位，你是主導」
- 「我先幫你打好底，我們再一起調整」
- 「這個點我不熟，讓你來發揮比較好」

這樣會讓人降低防禦，產生「這人配合度高、可以合作得很舒服」的心理判斷。

### 4. 公開場域中建立「可見度＋合作印象」

若你僅在人際私密圈中被認可，但在公開網絡沒有具體呈現，別人即使想邀請，也會缺乏依據。

請在下列場域強化你的合作印象：

- 社群內容（LinkedIn、IG、Facebook）呈現具代表性的合作紀錄
- 與他人共創的專案公開發布時，標記自己的角色與貢獻
- 在工作坊、線上對談中，主動表達合作觀點與整合能力

這樣做的結果不是炫耀，而是幫助他人清楚理解你在團隊中的位置與價值。

### 5. 設計「合作接點」而非等待被動邀請

想合作的人會主動釋放訊號，但更多時候，別人不知道你現在願意參與什麼、擅長在哪裡、想合作哪些主題。

請這樣操作：

- 在社群簡介或個人網站中標明：「目前關注主題」、「可合作方式」
- 發表意見時，不只表達想法，也提出可行作法
- 舉辦小型聚會或主題沙龍，邀請你希望合作的人來參與

第二節　成為合作邀約的首選對象

這是讓人際網絡知道你在哪裡、能幹嘛、想參與什麼的最直接方式。

### 6. 善用「過去合作者的第三方推薦力」

讓別人幫你說話，比你自己自我介紹有效一百倍。

可使用以下方式：

◆ 合作結束後請對方留下推薦語句（用於社群或提案簡介）
◆ 在你介紹自己的同時，也提到曾與誰合作過什麼
◆ 請過去合作者在需要人選時主動提你

這種第三方推薦能有效建立你在社交場域的「可被證明」與「可被信任」的印象基礎。

---

**當你總是讓人「想起來找你」，
你就不再需要主動爭取**

---

合作從來不是選最厲害的人，而是選最能讓事情成真的人。當你穩定地讓人覺得：「這人配合度高、節奏好、能處理關係、能承擔結果」，你就會自然成為他們心中的首選名單。

你不必拚命爭取，只需要持續設計信任感、穩定感與行動能力的社交輸出機制，合作邀約自然會找上門。

第十五章　讓社交變現：人脈的價值與轉化實戰

# 第三節　經營人脈的長尾效益模型

> 真正的人脈價值，不是在當下，
> 而是未來持續發酵的長尾效益

　　你是否曾經有這樣的經驗？幾年前認識的一位舊同事突然介紹了一個案子給你；曾經在活動中短暫交談的某人，在今天成為你創業的合夥人；或者，一次看似平淡的主題分享，意外成為你被大型組織邀請演講的起點。

　　這就是人脈長尾效益的威力 —— 當一段關係沒有立即發生效益，但因為你持續維護、留下好印象、創造價值與信任，在時間累積下產生出不可預測的深層回報。

　　本節，我們將以長尾效應（long tail）為基礎，深入解析如何用延遲效應心態經營人脈網絡，建構你未來三年、五年、甚至十年仍能產生價值的人際系統。

## 長尾效應在人脈經營中的心理機制

### 1. 當下的社交互動不代表價值即刻兌現

　　社會心理學研究發現，人際關係的價值兌現並非同步發生，而是出現「時間錯位現象」：

## 第三節　經營人脈的長尾效益模型

- 你現在幫助他人，對方三年後才回報你
- 你現在的說話方式，五年後才讓人想起你值得合作
- 你今天的言行風格，十年後決定別人是否推薦你升官或進圈

這種時間延遲現象，正是人脈長尾效益的關鍵所在：人際種子需要時間發酵，才能產出真正有力的回饋果實。

**2. 關係的記憶不是短期曝光，而是長期信任感沉澱**

在多數人腦中，真正被記得的人，不是「出現最多次」的人，而是「留下深刻信任感與功能記憶」的人。這種記憶形成不是靠衝刺，而是靠一致與持續的品質互動。

## 建立人脈長尾效益的五大策略與操作方法

### 1. 區分「即時回報型」與「延遲效應型」人際資源

請將你的人脈系統分為兩類：

- 即時回報型人脈：目前正在合作、有資源交換、有定期溝通
- 延遲效應型人脈：過去有好互動，但目前未密切聯絡

對延遲型人脈，你的經營方式要從「要求合作」轉向「維持在記憶裡」。

操作建議：

## 第十五章　讓社交變現：人脈的價值與轉化實戰

- 每年主動發送一次關心或更新（如近況、文章、節日問候）
- 在社群中標記對方有興趣的主題或留言互動
- 傳送一則「我最近想起你可能對這個內容有興趣」的訊息

這些舉動不會讓對方有壓力，卻會重新啟動關係記憶引擎。

### 2. 將人脈經營成「低頻高質」的網絡節點

長尾關係不需密集互動，但必須有質感的接觸與記憶亮點。

請做到：

- 每次出現都能提供新觀點、資源或信任感
- 雖少聯絡，但一旦對話就有溫度與實質內容
- 成為一個「不常見但每見一次都值得記得」的人

這種節奏讓你在人際網中處於「深度記憶槽」，時間拉長後更容易產生大效益。

### 3. 設計「再觸發事件」讓關係自動更新

長尾人脈需要事件來喚醒舊關係。你可以主動設計如下觸發：

- 發表文章或出版作品,標記過往合作夥伴
- 舉辦聚會或線上分享,邀請不常互動的舊朋友
- 在社群中創造議題,邀請他人參與討論

這些事件不只重啟聯絡,還會讓對方產生「這人一直都在成長」的記憶更新效果。

### 4. 定期檢視與精緻化你的「長尾人脈資料庫」

長尾效益的產出來自累積,你需要一套低負擔但有紀錄的追蹤系統。

推薦做法:

- 使用 Notion、Google Sheet 或手帳建立「人際地圖」
- 記錄對方興趣領域、可合作模式、過往互動紀錄
- 每三個月檢查一次,看哪些關係可輕觸或升溫

這個系統不是為了操作關係,而是為了有意識地照顧並保留那些值得的連結。

### 5. 轉換心態:不急於收成,而是持續播種

請用以下四種語言取代焦慮與期待:

- 「我最近讀到這個主題,讓我想到之前你分享的內容,很受啟發」

## 第十五章　讓社交變現：人脈的價值與轉化實戰

- 「看到這個活動，覺得很像你會感興趣的場域，推薦你看看」
- 「一直記得你上次的回饋，對我後來影響很大」
- 「雖然我們不常見面，但我很珍惜那段合作的品質與信任」

這些話語，不是為了立即得到什麼，而是不斷往人際關係土壤中播下價值的種子。

### 人脈價值不是用來兌換的，而是讓它在未來自然回來

真正強大的人脈從來不是「我現在用誰換到什麼」，而是你在人際場域中累積了多少被記得、被信任、被感謝的經驗值。

這些記憶將在未來的某一刻，以你意想不到的形式回饋你 —— 也許是一通合作電話，也許是一場人生轉彎的引薦，也許是一句在你低潮時聽見的「我一直記得你」。

# 第四節　你的人際關係就是你的社會資產

## 關係不是裝飾品，而是你人生中堅實的資產結構

在傳統財富觀中，資產總是指房產、現金、股票、企業持股；而在當代行動社會中，越來越多的頂尖創業家、轉職專家與跨界實踐者都提出同一個洞見：「人際網絡」是現代最隱形但影響力最大的資產。

你可以失去一份工作、失去一筆收入，但只要你擁有一個活絡、信任、互惠的人脈系統，你永遠不會真正陷入資源斷鏈。

本節將從「社會資本」出發，帶你理解人脈如何成為可累積、可放大、可轉化的個人資產，並提供一套可操作的人際資產盤點與優化模型，讓你開始用資產思維重新經營關係。

## 人脈≠資源，而是你在社會中能調用的行動力

### 1. 什麼是社會資本？

社會學家皮耶・布赫迪厄（Pierre Bourdieu）曾將社會資本定義為：

## 第十五章　讓社交變現：人脈的價值與轉化實戰

「透過網絡關係而獲得的實際或潛在資源的總和。」

換句話說，社會資本不是人多勢眾，也不是認識名人，而是：

- 你在人際系統中扮演什麼樣的功能角色
- 有多少人願意為你動用資源、提供協助、打開機會

這些才是真正構成你可動用的資本結構。

### 2. 社會資產的關鍵：不是數量，而是可行動性

請反思一個問題：你目前的人際關係中，有多少人真的會在你需要時提供幫助？會在你尋找機會時主動引薦？會在你低潮時提供資源？

若你的人脈無法行動，它們就不是資產，而只是一張名片、一場合照、一串聯絡人列表。

## 建立你的「人際資產盤點表」

以下是一套簡單但強效的社會資本盤點架構，請你思考並實際記錄下來：

### 1. 關係信任度

- 高信任（可以討論私密話題與資源）
- 中信任（能互相支持、但仍有邊界）

- 低信任（僅維持禮貌或表層互動）

信任是社交資產最深的存款，你若經常提領但不存入，關係會枯竭。

## 2. 資源類型

- 專業能力（知識、技能、顧問力）
- 機會資源（引薦、合作、曝光）
- 情緒支援（安定感、同理、陪伴）
- 社群節點（社團組織、平臺、團隊）

你要清楚哪一段關係能提供什麼，這樣才能在需要時精準調用。

## 3. 關係活化度

- 高活化（近半年內有過深度互動）
- 中活化（有基本連結與可預測回應）
- 低活化（幾乎斷聯或需重新建立信任）

這項指標幫你知道哪個資產是「可動用」、哪個還需要「重啟維護」。

第十五章　讓社交變現：人脈的價值與轉化實戰

### 4. 角色互補性

- 是否能與你的長期目標形成互補合作？
- 是否能提供你無法自行解決的關鍵支援？
- 是否能讓你在關鍵場域中獲得機會突破？

一段關係若只是「陪伴」，固然重要；但若能「補位」，就是資產等級。

## 優化你的社會資本結構：從維護到升級

### 1. 主動經營「高信任 × 高補位」關係

這些關係不一定最多，但最值得你花時間深耕。

請設計以下互動節奏：

- 每月一次近況交換與主動關心
- 每次互動都提供具體價值或資源
- 遇到適合合作機會時主動邀請對方參與

這樣做的目的，不是頻率，而是深度信任與共同成長。

### 2. 重新喚醒「高潛力 × 低活化」關係

許多你過去合作愉快、但後來漸行漸遠的關係，可能正是未來的突破口。

請試試：

- 傳一封誠懇的訊息：「最近在做○○，突然想到之前你給過我啟發。」
- 分享一篇對方可能有興趣的內容：「看到這篇很像你上次說的那個觀點。」
- 若能安排小聚，透過真實場景重新建立情感連結

這樣的「重啟信號」，若搭配時間與事件設計，常常能讓老關係開花結果。

## 3. 整合「分散型社交關係」變成「網絡型合作資源」

如果你有許多不同領域的朋友與合作對象，請不要把他們當成一張張獨立的卡片，而是要思考：

- 誰跟誰可以搭橋？
- 哪個資源你可以引薦給哪個專案？
- 你能不能成為這些人之間的中介節點？

這種做法不只提升對你的依賴與黏著度，也會讓你從「社交參與者」變成「網絡設計者」。

## 第十五章　讓社交變現：人脈的價值與轉化實戰

### 人際關係不是一筆筆人情，而是一整座資產結構

當你用資產的角度來看待人脈，你不再焦慮於「誰幫過你多少」、「你欠誰一頓飯」，而是開始設計一套有信任基礎、資源交換、合作空間與心理韌性的人際結構。

這套結構不是短期操作能打造出來的，而是你長年累積的結果。你的回應方式、合作姿態、給予節奏、社交風格，都會一點一滴決定你這座人際資產系統的規模與價值。

# 結語
# 真正厲害的社交，
# 是讓彼此都變得更好

◎社交不是一門術，而是一種心理智慧的實踐

如果你已經讀完這本書，請先給自己一個肯定。不是每個人願意花時間理解「社交」這門被誤會最深的學問，更少有人願意誠實面對自己在人際關係中的困惑、壓力與盲點。

我們在這本書裡，從一開始的寒暄心理學，談到信任的建立、衝突的化解、人設的塑造、風格的經營、社交變現的設計。你會發現：每一段關係的背後，其實都有心理邏輯可循。

而真正高段位的人際高手，不是最會說話的那個人，而是最能讀懂他人心理需求、處理自身情緒反應、並設計出雙贏互動模式的人。

◎本書的三大核心觀念，請記得帶走
1. 社交不靠天分，而是靠「心理槓桿＋行為設計」

你不需要天生健談，也不必是圈內紅人，只要你了解人際互動中的心理槓桿（如：預期心理、信任形成、角色期待、

互惠機制），並搭配實際的說話設計、行動節奏與存在策略，就能成為一個讓人願意靠近、也願意持續合作的對象。

## 2. 人脈不是交來的，而是長期互動中自然生成的「信任帳戶」

人脈變現的關鍵不是你認識誰，而是誰信任你、誰願意推薦你、誰覺得你值得合作。這些來自你過去的行為積累，也來自你在每次互動中能不能做到「給人信任感」、「讓人好合作」、「產生實質價值感」。你不是在找人，而是在建一張「心理可提領的信任網」。

## 3. 社交的終點，不是變得圓滑，而是成為你想成為的那個人

如果你曾在社交場合中感到疲憊、焦慮、演戲或假裝，那表示你還沒找到真正與你性格相容的人際經營策略。本書希望幫你建立一套讓你「自在、有效、穩定、有彈性」的社交風格，不用假裝、不用過度強迫自己迎合，而是找到你自己的節奏與定位。

## ◎讀完這本書之後，你可以開始的五個具體行動

### 1. 盤點你的人際資產地圖

請打開筆記，畫出三圈人脈地圖：核心信任圈、機會互動圈、潛在再啟圈。接著思考：每一圈中有誰？你現在如何與他們互動？你能怎麼創造更多價值連結點？

## 2. 設計你的社交風格語言模組

根據你的性格與章節練習，選擇三到五個人格標籤與語言風格（如：穩定、邏輯型、移情型），設計你自我介紹的方式、社群介紹欄文字、或你在工作場合中會如何發言。讓你的社交風格可以被記住，也容易擴散。

## 3. 練習「先捧再求」的社交循環

選擇一位你希望合作但尚未建立連結的人，試著用本書中的互利設計語言，進行一次「貢獻式接觸」。你會發現，當你先給出資源與連結點，對方更容易接受邀請，也更願意回報價值。

## 4. 建立社交事件觸發節奏

一年設計四次社交節點（例如：生日、節日、專案結束、年度回顧），主動與過去關係中斷或潛在合作者產生連結。社交的節奏，不在頻繁，而在於對方記得你帶來的感受與價值。

## 5. 反思你的人設印象是否已具穩定性

問三位熟識的朋友或同事：「你會怎麼介紹我給別人？」、「你覺得我在人際圈裡是什麼角色？」這樣的回饋，可以幫你對照本書第十四章的工具，調整自己的社交定錨與印象輸出策略。

結語　真正厲害的社交，是讓彼此都變得更好

## ◎未來的人際關係，是你設計出來的

在這個關係密度高、資訊過載、信任成本昂貴的時代，主動設計你的人際系統，不再是一種選擇，而是一種必備能力。

你可以選擇繼續靠直覺交朋友，或你也可以選擇建立一套屬於自己的社交心理作戰圖──而你手上的這本書，就是那張地圖的起點。

當你開始被主動邀請、被默默信任、被私下推薦，甚至成為一場合作、一份機會的第一人選時，你會知道：你不只是懂了社交，而是開始用心理學活出更好的自己。

國家圖書館出版品預行編目資料

人際設計學，關係裡的心理博弈與生存策略：從操控話術到修補裂痕，走出人脈焦慮，在高壓時代建立清醒的互動節奏 / 許子晏 著 . -- 第一版 . -- 臺北市：財經錢線文化事業有限公司，2025.06
面；　公分
POD 版
ISBN 978-626-408-287-7( 平裝 )
1.CST: 人際關係 2.CST: 社交技巧 3.CST: 溝通技巧
177.3　　　　　　　　　114007344

電子書購買

爽讀 APP

臉書

# 人際設計學，關係裡的心理博弈與生存策略：從操控話術到修補裂痕，走出人脈焦慮，在高壓時代建立清醒的互動節奏

作　　者：許子晏
發 行 人：黃振庭
出 版 者：財經錢線文化事業有限公司
發 行 者：崧燁文化事業有限公司
E-mail：sonbookservice@gmail.com
粉 絲 頁：https://www.facebook.com/sonbookss/
網　　址：https://sonbook.net/
地　　址：台北市中正區重慶南路一段 61 號 8 樓
8F., No.61, Sec. 1, Chongqing S. Rd., Zhongzheng Dist., Taipei City 100, Taiwan
電　　話：(02) 2370-3310　　傳　　真：(02) 2388-1990
印　　刷：京峯數位服務有限公司
律師顧問：廣華律師事務所 張珮琦律師

-版權聲明-
本書作者使用 AI 協作，若有其他相關權利及授權需求請與本公司聯繫。
未經書面許可，不可複製、發行。
定　　價：450 元
發行日期：2025 年 06 月第一版
◎本書以 POD 印製